空海 民衆と共に

—信仰と労働・技術—

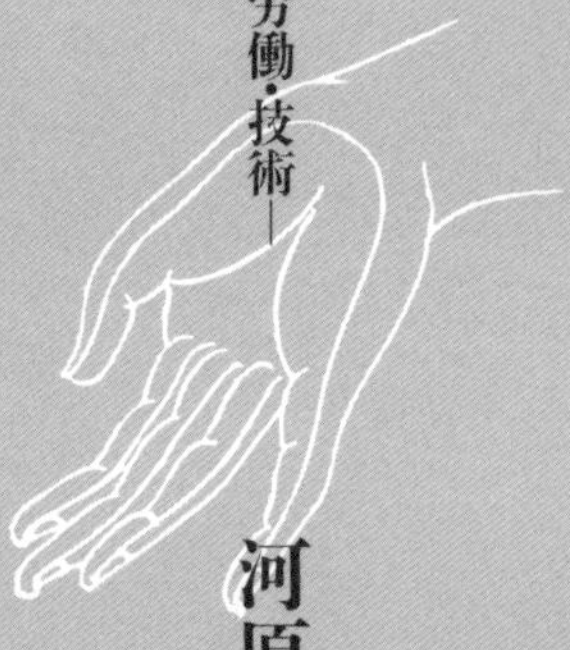

河原 宏

人文書院

目次

空海　民衆と共に——信仰と労働・技術

はじめに

空海と民衆――この両者は、どのような形で同じ時代を生き、どのような希望を未来に託していたのか。民衆と共にあった空海とは、どのような人だったのか？

双方が、信仰を共にしていたことはいうまでもない。その上で、万能の天才といわれた「全人」空海は、美術・建築・水利・土木などにも高度の知識と技術を持っていた。エンジニアとしての空海は、「全人」空海の一側面でもあった。それと民衆一人一人の中に潜在するより高く、より良き目的のために奉仕しようとする労働意欲や各種技能――これを一括して当時の言葉で「知識」と呼べば――は見事に照応した。空海は民衆の利他を志向する資質や意欲を導き出し、民衆は空海の清冽な情熱と信仰に応えた。この幸福な適合が平安初期に歴史の一時代を画した。日本に真言密教が開花したのである。

具体的にはどのような経路、思考上はどのような筋道を辿ってこの適合が果たされたのか？

この疑問には比較的簡単に答えることができる。あるいはそれによって、本書の趣旨もほとんど述べつくしてしまうことになるかもしれない。

信仰と現世利益《げんぜりやく》

宗教は人間が営む最大の精神活動である。それを簡単に要約したり、定義づけることはできない。しかしおよそ宗教活動という限り、そこには純粋で誠実な「信仰」がなければならない。いかに強大な教団を作り、荘厳な寺院や教会、華麗な儀式や祭典、厳密・深遠な教義を備えたとしても、これらは宗教にとって外的な形式に過ぎない。その中心部に夾雑物のない「信仰」があってこそ、これらの形式も生命を得るであろう。

他方、宗教活動をとり巻く外環には「現世利益」と呼ばれる様々な祈念や願望が渦巻いている。それは宗教にとって否定すべくもない現実の相である。今、思いつくままにその願文《がんもん》を挙げてみても家内安全・商売繁盛・無病息災・交通安全・安産祈願・受験合格・学業成就……等々、人間生活の万般を網羅する祈願が並ぶ。暗に、あらゆる宗教は人々のこのような願望に応ずることを求められている。

こうして宗教とは、信仰という中心と、現世利益という外縁が形づくる広大な円形劇場の中に収まる人間活動とみなすことができる。図式的にいえば、純粋な信仰に徹した人は使徒・聖人・覚者・堅信の信徒となる。およそすべての高度宗教は、人々がこの境地に近づくことを求めている。だが、あらゆる宗教的な発心《ほっしん》・祈願の起点は外縁をなす現世利益にある。それは無数の大衆や庶民、つまり民衆が抱く祈念であり願望であって、救済とはそれに答えることを意味する。

では宗教は、いかにしてこの欲求に応ずることができるか。

宗教と技術

一見、宗教と技術とは人間の諸活動の中でも最も隔たった二つの領域のように見える。前者は主に人の精神活動、後者は特に物的対象に向けられた技法と思われているからである。

しかし歴史を遡れば、科学も技術もすべて宗教の胎内から生まれた。医学・薬学はもとより、数学・天文学・化学から建築・灌漑・土木の諸技術までが、深い宗教的確信と情熱の産物だった。

宗教の側からいえば、これは当然のこととなる。無量の衆生《しゅじょう》・大衆を救済しようとするのは宗教の目ざすところである。少しでも多くの人を、少しでもより良く現世の悲苦から救おうとすれば、役にたつ知識や技術は使わなければならない。

他方、技術の側でもその最終目的が万人の安全・利福・便益を増進することにあるとすれば、それは宗教が求めるものと重なり合う。それどころか宗教への情熱が科学・技術を鼓舞し、科学・技術が宗教的目標を支援して、互いに万人救済への道を突き進むことはあったし、またありうることであろう。

エンジニア・エンジニアリングの理想

現代文明はそのまま科学・技術文明に他ならないといえる。われわれは、大はグローバルな次元から小は個々人の内面にまで、別の角度からいえば大は世界を覆う核兵器・ミサイルの翳から、小は一人一人が日々離れることのできないパソコン・携帯電話に至るまで、科学・技術の成果に浸され、左右されて生きている。このような現実の中で、まともにエンジニアリングの理想など語ることも出来なくなっているだろう。では、歴史的にはどうか？

本書はその理想の歴史的実例を空海の中に、また彼の先蹤としての役行者と行基を加えて考えてみたいという試みである。役行者・行基・空海、これら飛鳥・奈良から平安時代初期に活躍した人々はそれぞれ偉大な宗教者であると共に、当時最高の技術者・技術指導者（役行者の場合はかなり幻想的・呪術的色彩がつよいが）でもあった。

もし技術が高邁な精神に導かれていたとしたら、逆にその技術が世俗的な現世利益を深い信仰に誘うこともあったであろう。私はここにエンジニアリングの理想を見る。エンジンとは発動機のことだが、その中に人を理想（この場合は仏教的な理想だが）に向かわせる駆動力の意味をふくめてはいけないだろうか。人間は誰しも自らを理想に駆り立てるこのようなエンジンを内面に蔵している。そうして、人間についてのこのような理解は現代のように世界が一種の閉塞状況に陥っている時、空虚なイデオロギーを美辞麗句で包んだ〝理想〟主義者たちの熱狂からも免れる功徳さえあるかもしれない。

ただ近代になって、科学は宗教を排斥して自らが求める唯一の〝真理〟を掲げ、技術はテクノロジーとなって実利目的の追求にひた走ることとなった。二十一世紀になっても、科学・技術は人類を壊滅させうる軍事力の増強に力を尽くし、地上の環境を荒廃させて無数の生物種を絶滅させる一方、クローン製造や遺伝子操作によって生命自体を人為的に造成しようとしている。これらの目標が〃神の領域を冒す〃といわれたのも昔話となった。今は科学・技術自体が一つの疑似宗教となり、人の心や精神までも引きずり始めている。

これこそが現代の科学・技術文明である。この点からいえば、本書は空海論を通じての現代文明への批判をも意味する。

「橋」・「道」・「塔」——象徴の系譜

宗教と技術、この遠く隔たった二つの領域を統合して象徴が生まれる。象徴とは時間的・空間的・分野的な隔たりを超えて、それを矛盾なく統合する人間精神の用具である。象徴としての「橋」・「道」・「塔」は、それぞれ技術的建造物であると同時に精神的価値を含んでいる。例えば、道は人と人を繋ぐ往来の具であると共に、道徳・道義・人道などの倫理的意味を持っている。橋は此岸と彼岸を繋ぐもの、塔は大地から天を指向する建築物として精神的意味を持っている。

ここでの「橋」とは七世紀、飛鳥時代に修験道の開祖とされた役行者《えんのぎょうじゃ》を象徴する。彼の生涯や事蹟はさまざまな伝説に包まれているが、この橋とは彼が大和の金峰山と葛城山を繋ぐ岩橋を架けようとしたという岩橋伝説のことである。この起点を現在の山上ケ岳とすると葛城山までは地図上の直線距離で約三〇キロ、東海道線でいえば東京から横浜駅を越えることになる。この幻想性は伝説的色彩の強い役行者を象徴しているが、その伝説・幻想はそのまま当時の現実、つまり律令国家形成期の現実と対応しているのである。

「道」は八世紀、奈良時代に橋を架け、堤を築き、寺院を開き、孤児院や病院を造るなど、さまざまな社会事業を行なった行基を象徴する。その足跡と事蹟は大和・山城・摂津・河内など広汎な地域に残されている。「道」とは、行基《ぎょうき》が実際に行脚した道路であると共に、彼が興したこれらの諸事業を通じて人々の心を仏法に繋ぐ精神的な道でもあった。人々は行基の事業を見て、自発的に己が労力・技能を提供した。それは当時「知識」と呼ばれていた。行基において信仰と労働と技術とは見事に統合されていたのである。

「塔」は九世紀前半、平安時代初期に弘法大師空海が開いた真言宗の二大聖地、高野山の金剛峯寺《こんごうぶじ》に立つ大塔・西塔二基の塔と、京都東寺の五重塔、それに室生寺の五重塔を加えて四つの塔を指す。この三寺四塔は空海が招来、弘布した真言密教の真髄に触れると共に、その広汎な社会活動を象徴するものとなっている。今も列車が京都に近づくたびに先ず眼に入ってくる東寺の五重塔は、旅人が京都に着いたことを実感させる京の象徴となっている。空海没後千二百年、京へ入ろうとするどれだけ多くの人がこの五重塔を仰いで歩いたことであろう。

しかし、役行者・行基・空海の三人はかなりの時間的隔たりをおいて、ばらばらな存在だった訳ではない。最近の空海研究にもこの三者の繋がりは指摘されている(1)。宗派的には修験道の役行者、法相宗の行基、真言宗の空海とそれぞれ異なっているように見えるが、一つ共通しているのは自らの持つ技術・技能を駆使して衆生を救済しようとした強烈な宗教的情熱である。それこそ、この三者が時空の隔たりを越えて一つの系譜を作る所以となっている。

律令国家への対応

だが上記三者には共通した社会的制度が下敷きになっていた。律令制である。役行者の晩年、七世紀末から八世紀初頭には飛鳥浄御原令《きよみはら》(六八九年施行)、大宝律令(七〇二年施行)が出されていた。その後の行基・空海は、正に律令国家の只なかで活躍したのである。

こうして三者三様の律令国家への対応は、それぞれ宗教活動開始の時点で反律令的性格を持っていたことで共通していた。強いてその相違・共通点を要約すれば、弁証法のテーゼを借用して反・正・合とでもいえるかもしれない。

役行者の生涯は「反」律令的行動で一貫していた。後世、その伝説に怪奇な物語が付随してくるのは、反体制的人物に課せられる宿命であろう。体制側は意図的にも、しばしばそのような人物に怪奇・異常な説話を付着させることがある。世の宗教史には魔女・異端・破戒・邪宗などのイメージがみちみちている。従って役行者を見る一つのポイントは、大和王権あるいは律令制から疎外され、抑圧された民衆との関係が焦点となる。

行基の宗教活動は民衆の福利・厚生をはかることで一貫しており、正にこのことによって、律令体制からも警戒・敵視されていた。この点で彼は、役行者の修験道とも異なる大乗仏教の菩薩行を体現していた。従って行基を「正」、つまり肯定の立場におくことは正確でない。ただ晩年になって行基は、その多年の活動の故に聖武天皇の尊崇を受け、やがて東大寺造営のための勧進も行なっている。

　このため近年の研究では、これを行基の律令国家への屈伏とみなし、民衆への裏切り・転向とする説もあるが、詳細は第II編に譲る。ただ誠実な仏教者としては当然のことながら、行基にも個々の福利事業を集大成した先に理想の仏国土を実現する希望を持っていたことに疑いはない。それがある部分で聖武の諸国に国分寺を配置し、律令国家の精神的実現を計る構想と重なったであろうことは認めなければならない。行基が律令体制に屈伏したのではない。「知識」、つまり仏教的な意味での知識のあり方に目覚めた聖武が行基に近づいてきたのである。


　空海は「合」の立場に立つ。このことは両部密教と呼ばれる真言宗の基本的特徴となっている。胎蔵界曼陀羅と金剛界曼陀羅である。

　律令体制に対しても、若き日の空海は官許を受けない私度僧《しどそう》として山林修行に専心した。山林修行あるいは私度僧は公の認可を受けない宗教活動として、反もしくは脱律令的性格を持つものだった。入唐して密教の奥義を体得し、帰国して嵯峨天皇の眷顧を受け鎮護国家の宗教活動を展開した後も、その二元的性格は保持されていた。空海の拠点は、一方に山林修行をめざす高野山の金剛峯寺、他方に首都平安京の東寺（教王護国寺）があった。前者は金剛界曼陀羅、後者は胎蔵界曼陀羅に擬せられる。

　しかも民衆の中に立ち入って、衆生済度を目指す活動は広範に続けられた。全国に広がる弘法大師伝説は、伝説とはいえその広さ、多様さを暗示している。

具体的に顕著な例は、讃岐・満濃池《まんのういけ》の築堤工事である。それは渇水に悩むこの地に灌漑用水を確保する土木工事だった。これは行基の河内・狭山池の灌漑工事などを念頭にしてやはり一つの系譜を描くことができるであろう。奈良時代に唐へ渡った留学僧には、狭義の宗教だけでなく、当時最先端のさまざまな技術・技法を習得して帰った人が少なくない。空海も経典・仏具・曼陀羅図など多くの請来品目と共に、眼には見えなくとも医薬・建築・土木などさまざまな技術を会得して持ちかえったものと思われる。それらを生かすことは、具体的に民衆の悲苦を軽減するのに役立つからである。空海は民衆済度の宗教と、鎮護国家の宗教を総合した。この二元性を一つに統合しているのが、「全人」空海という一つの人格だった。

仏国土の建設を目指して

それでは先に挙げた三つの象徴、橋・道・塔には何か相互関係があるのだろうか。ここではしばらく古代の歴史を離れ、現代に着目してこの点を考えてみよう。

仮に五百年、千年後の歴史家が二十世紀後半の日本を歴史書に記述しようとすると、彼はこのとりとめなく乱雑な時代を簡潔にまとめるのに苦労するであろう。そこで彼は、焦点を残っている僅かな遺跡を手掛かりに橋・道・塔の三つに絞ってみた。二十世紀、二十一世紀には繁栄を誇っていたらしい文明諸物も、この頃は考古学の対象となっているからである。

しかしこれらが、単に技術的建造物に止まらず、当時の政治問題・社会問題にもなっていたことは分かっていた。橋は本州・四国間に三本も通した本四架橋。道は全国に張りめぐらされた高速道路。塔は東京都心に林立していた超高層ビル群である。これらの遺跡から、当時の人々がどれだけこれらの建造物に心を躍らせていたかは分かる。それによって彼は、数百年前の日本人が何を大切だと考えていたか、その代わりに何を犠牲にしたのかを推察できると思った。この時代を象徴していたからである。この歴史家は、象徴を通して二十世紀の日本像を描き出していた。

すべて象徴は、ある時代に人々が抱く希望・願望・祈念を写している。律令時代もそうだった。ここに取りあげた奈良・平安初期に、人々の祈念は仏国土実現への夢と希望に向けられていた。塔は仏教の持つ精神の高みを表現する建築物として。道は仏教を僻遠の地にまで弘布するための通路として。橋は此岸《しがん》と彼岸《ひがん》を繋ぐものとして。こうして衆生一切を包含する仏国土が成就する。

日本仏教の歴史を辿れば、さまざまな浄土の観念が現われる。浄土三部経の説く阿弥陀仏の極楽浄土、大日如来の密厳浄土、弥勒信仰に発する弥勒浄土、これは後世〝弥勒の世〟を現世にもたらす世直し運動と結びついた。

一般に浄土とは仏の世界であり、死後つまり彼岸・来世において〝往く浄土〟と考えられている。通常、極楽とは西方十万億土の彼方にあるとされたからである。これに対して浄仏国土は〝成る浄土〟として、現実世界の浄土化を意味する。ここにいう仏国土もこの意味である。衆生が求め、行基や空海が駆使した諸技術も、このような浄土を具現するものとみなされるであろう。

一方には、確固たる教理に基づく深い信仰があった。他方には、現実に衆生の悲苦を軽減するための具体策が求められていた。それを統合したのは、現実に発し、現実を導く遙かなる仏国土成就への熱い志だった。以下に、その物語が始まる。もしここで、理想と現実の濃密な叢林に分け入って当時の歴史を辿ることができれば幸いである。

第Ⅰ編　役行者——「仏国土」への夢と挫折

時代は七世紀後半、大和の国葛城山の麓に役行者《えんのぎょうじゃ》と呼ばれる呪術者が現われた。またの名を役の小角《おずぬ》、あるいは役の優婆塞《うばそく》ともいう。生まれは大和の国・葛城山麓の茅原《ちわら》、現在の奈良県御所《ごせ》市。当時、この地方に勢力を持った高賀茂氏の出身だったとされている。

その活動ぶりは今でいう超能力者的で、さまざまな伝説に包まれている。その名が正史に現われるのは『続日本紀』巻一、文武天皇三年（六九九）五月二十四日の条、彼が妖術を使ったかどで伊豆へ流刑になったという記述である。

この頃、飛鳥を中心に大和盆地一帯ではすでに仏教文化が定着し、律令制の整備も着々と進んで、大和朝廷を中心に統一国家の形成に向かっていた。役行者が生まれた頃、舒明天皇十一年（六三九）にはその生地の近くに九重塔を持つ百濟大寺（後に奈良に移築されて大安寺、東大寺、西大寺と並んで南大寺とも呼ばれた）が創建されていた。

しかしこの塔は、落成したばかりで落雷により焼失した。地元の人々は土地の地主神・子部明神の怒りを招いたためとした。統一国家に編入される地域には、律令国家拡大の底辺でそれへの抵抗を含め、さまざまな対立や怨念が渦巻いていたのである。

一　「亡命」に始まる

律令国家と山林修行

役小角は室町時代に書かれた『役行者本記』によると、舒明天皇六年（六三四）に生まれた。子供の頃から葛城山で修行し、十九歳の時、熊野から大峯に入山して山林修行者としての生涯を始め、その後も各地の山岳を遍歴して修行を続けた。彼が大峯山中で蔵王権現を感得したのは天智天皇十年（六七一）、三十八歳の時だったという。後世、修験道の開祖とみなされる彼の宗教体験はこの時固まった。

ところが律令国家形成途上の七世紀末には、戸籍を整備し、全国の土地・人民を公地公民とする中央集権的体制を作ろうとしていた。すべての国家は、その版図内に国家の権威・権力が及ばない異界を認めることはない。したがって当時の大和王権も、その力が及びがたい山林とそこで修行する僧尼に対しては厳しい警戒の眼を注いでいた。

西郷信綱氏の研究によれば、元明天皇即位の詔（七〇七）には「山沢に亡命し」という文言があり、和銅二年（七〇九）、養老元年（七一七）にもそれを禁ずる詔が出されている。山林に篭もることを「亡命」というのは「命」が戸籍を意味し、したがって戸籍を脱して本貫《ほんがん》を去るのは亡命となるからである[1]。

また聖武天皇の天平元年（七二九）の詔には「モシ山林ニ停住シ詐リテ仏法ヲ道ヒ、自ヲ教化ヲナシ、授業ヲ伝習シ、書符ヲ封印シ、薬ヲ合セ毒ヲ作リ、万法怪シキヲナシ、勅禁ニ違犯スルモノ有ラバ、罪マタ此クノ如シ」と述べ、「罪」の主たる者は斬、従たる者は流という規定がある。（なお、僧侶の山林修行が許されたのは役行者の没後七〇年の宝亀元年（七七〇）、光仁天皇の詔による。山林修行者による薬草採取の効能は認めざるをえなかったからである。）

従って役行者の修行は、仮に正式の詔勅が出される前だったとしても、皇室や諸豪族の庇護を受け都会を中心に隆盛をほこる南都仏教からは背を向け、国家権力が警戒視する中で進められたといえる。彼が感得したという蔵王権現がすさまじい怒りの形相をとるのもこの為だと思われる。権力および既成仏教への怒りである。

忿怒の菩薩像

こうして、役行者の国家への対決姿勢は仏像にも刻まれている。金峰山で修行中の彼は、『金峰山秘密伝』によれば末法の世にふさわしい仏の出現を祈願したところ、まず釈迦が現われ、つぎに千手観音、その後に弥勒が現われ、最後に青黒い忿怒の金剛蔵王が湧出したという。

今、平安以降次々に造られた蔵王権現の像は数多く残されているが、そのほとんどは一面三目二臂の忿怒《ふんぬ》相をなし、左手は剣印を結び、右手に三鈷杵《さんこしょ》をかざし、左足は磐石を踏み、右足は空を飛ぶ形をなしている。強大な国家権力と戦う役行者にとっては、慈悲忍苦を説く柔和な釈迦・観音・弥勒の像ではあきたりなかったのである。

だが、それだけではなかったであろう。この激しい憤りにはもっと広く大きな理由があった筈である。『太平記』にはこの点についての記述がある。役行者は先に湧出した仏たちを「未来悪世ノ

蔵王権現像

衆生ヲ濟度セントナラバ、加様ノ御姿ニテハ叶マジ」と述べたところ、金剛蔵王が現われたとしている（巻第二十六「芳野炎上ノ事」）。その祈願ははっきりと衆生の「濟度利生」にむけられていた。

　このことは、多分『太平記』筆者の念慮も込められていたであろう。幻想的物語の面白さは、かえってそれが生まれた時代の雰囲気を率直に伝える場合があることである。『太平記』が描く時代、つまり南北朝時代に吉野は京都にある北朝に対して南朝側の拠点だった。この「芳野炎上ノ事」は、その直前に南朝の柱石楠正行も四条畷に討ち死にし、北朝側の高師直の大軍が吉野に攻め込んだ時の物語である。多年にわたった両朝対立も終局に近づいていた。基本的に南朝の立場に立つ筆者の筆には、悲痛な情感がこめられている。しかも吉野は、大峯山が金峰山の山上であるのに対して金峰山山下として、ともに役行者の聖地とみなされていた。『太平記』が役行者に言及するのもこのためである。

しかも、打ち続く戦乱に民衆の悲苦は頂点に達していた。この点が、他の平穏な時代に作られた諸伝説とは異なる。筆者が、衆生の「濟度利生」を見据えた役行者像を書いたのも、この時代相と無縁でない。彼には、忿怒の蔵王権現像を呼び出す役行者の怒りと祈りを眼前の民衆の置かれた状況にはっきりと実感できた。この時代相が、慈悲・忍苦を説く仏たちにあきたりない役行者像を描かせたのである。

では、衆生救済のための道はあるのか？　こうしてテーマは役行者を象徴する「橋」、岩橋伝説へと移る。

二　岩橋伝説の深層

橋の神話

今、橋に神話を感ずる人はいないだろうが、もともと橋は人の異界・異域・他郷への関心と憧れから造られた。此岸と彼岸・現世と来世。此岸は現世、彼岸には来世という意味が託されているから、橋には過去と現在・現在と未来、つまり異なった二つの時間を繋ぐものでもあった。

だから橋は人間による他の造形物、塔や神殿などと同じく、その始源の形象は神話的である。橋の起源には神話と自然信仰がある。おそらく宇宙論的次元での橋のイメージの始源は虹だった。人は天空に架かる虹を見て、その美しさ、雄大さ、はかなさに心うたれて、いつかは自分の手でこのような橋を造ってみたいという想いに駆られたのではないか。橋は神話と技術、自然と人工を繋いでいる。こうして世界各地の神話には、橋にまつわる多くの伝承、伝説が遺されている。

国うみの橋、国譲りの橋、国づくりの橋

日本の神話では『古事記』、この最古の神話の、しかも最初の国うみの段に橋が登場する。「天《あめ》の浮橋」である。天上にあって最初の神々、いざなぎ・いざなみの男女二神はこの橋に立って矛で下界の海水をかき回し、したたる塩を積み重ねて島を造り固めた。これが最初の国土となった。国うみの神話である。

この「天の浮橋」は天界と地上、神と人とを繋ぐものとしていかにも神話的だが、その想念には美しくも壮大な虹のイメージが働いていたように思われる。この橋が日本の国土を造った。

『日本書紀』神代紀下巻には、出雲を支配した大己貴神《おおなむちのかみ》(『古事記』では大国主神)に対して天孫族が国譲りを迫る場面がある。大己貴は地上の支配権を天孫ににぎの尊に引き渡し、幽界の祭祀権のみを持つべきである、と。その条件は「汝が往来《かよ》ひて海に遊ぶ具の為には、高橋・浮橋及び天鳥船、亦供造りまつらむ。又天安河に、亦打橋造らむ」というものだった。ここにも橋が登場する。幽界は地下の世界だから、この橋は地下と地上、もしくは海上を繋ぐものとみなしてよい。神話的に、橋は地面を水平に往来するだけではなく、天界・地上・地下の上下を繋ぐものでもあった。大己貴の国譲りによって、天照大神の子孫である天孫族の支配権は確立した。

こうして橋は、国うみ・国譲りと神話の次元で国家形成の物語と深くかかわっている。それは橋

が、こちら側の現実の世界とあちら側の異界を繫ぐ精神的、象徴的な意義を担うものとみなされていたからである。

橋と国づくり

したがって現実の国づくりにおいても、橋は重要な意義を担う。国づくりとは、一つの権威・権力の下に広範な国土を統合することだから、橋はそれまで異界とみなされていた地域を繫げることで統一国家を象徴する。

日本で、最初に統一国家の像が示されたのは七世紀後半から八世紀にかけての律令の制定時である。橋の建設は国家の統一性を象徴するものとして、「令」に規定された国家事業だった。大宝令の営繕令では、

「凡そ京内の大きなる橋、及び宮城門の前の橋は、並に木工寮修営せよ。自余は、京内の人夫を役せよ」

「凡そ津、橋、道、路は、年毎に九月の半より起りて、当界修理せよ」

と定めている。橋や道の管理は民部省が行ない、木工寮は宮内省に属していた（職員令）。

仏教も律令国家の形成と共に、それを権威づける鎮護国家の役割を担うことが期待されていた。そうであれば、この現実の動きに対して日本に仏教が伝来して以来、真摯な仏教者であれば必ず思

い描いたであろう仏国土招来への希求はそれだけ律令国家がめざすものとの対抗関係におかれる。律令国家の形成と仏国土への希求は、仏教のあり方、国家の形成方向をめぐっても激しく対立するものとなる。

ここには、橋をめぐって対立する二つの想念があった。一つは、今述べたように主要な橋・港・道路などの交通手段を国家の管理下に置こうとする律令国家形成への企図。もう一つは役行者が企てたとされる「岩橋」。それは役行者が描く〝もう一つの国家〟を象徴するものではなかったか。律令体制の下で虐げられし者たちのための〝もう一つの国〟として、それはまた役行者が抱く仏国土観の反映でもあった。

三　岩橋伝説の出発

山林には幽邃な静寂がある。雲の峯、樹木の緑と清冽な渓流は霊気を漂わせ、真摯な修行者であれば諸仏、諸尊の姿を眼前にすることもあろう。山野からは諸々の薬草も採取できる。ただそこには、これらの恩沢を提供すべき民衆はいない。役行者が吉野の金峰山で感得した蔵王権現の霊威を、まずは自分の郷里に住む人々に施そうと思ったとしても不思議ではない。それは、彼にとって仏国土実現への第一歩だったであろう。役行者が企てたという橋、金峰山と葛城山に架ける岩橋の伝説はこうして生まれた。

に伝えている。(2)

幻想の伝説を考える

平安時代に書かれた『日本霊異記』『今昔物語』『本朝神仙伝』などは、この岩橋伝説を次のように伝えている。(2)

金峰・葛城の両山を岩橋で繫ごうとした役優婆塞は、諸々の鬼神を集めて工事を命じた。鬼神たちはようやく基礎を築いた。今もその敷石は、吉野・葛城の山にそれぞれ十数枚ずつ残っているという。ところが行者が工事の進捗をせきたてるので、一言主の神は自分たちの容貌がはなはだ醜いので昼間働くことはできないと訴えた。行者がこの訴えを認めなかったので、一言主は朝廷に「役優婆塞は将に謀叛せむとす」と讒言した。行者は怒って、一言主を縛って谷底に落とした。役行者も捕えられ、伊豆に流された。これが岩橋伝説の大筋である。

これは伝説に過ぎないと誰しもが思う。地図の上で奥吉野の山上ヶ岳と金剛山とは直線で三〇キロ。東海道線でいうと東京から横浜駅の距離を越えている。標高差もある。山上ヶ岳は一七一九メートル、金剛山は一一一二メートル、その差六〇〇メートル。仮に現代技術をもってしてもこの両山に橋を架けることは出来ないだろう。

それはともかくとして、現代人は伝説を合理的・科学的に解釈せずにはおかない。

誰もが思いつくのは、この橋は山岳修行者たちが峯から峯へ往還する山道を寓意したものだというとである。現に、今も山伏たちの往来する修験の道は全国に張りめぐらされ、役行者が巡歴したとされる修験道聖地は北の陸奥・出羽から南は薩摩・日向にまで及んでいる。

さらに近年、『日本霊異記』にいう大和の国の「金の峯」は吉野の金峯山ではなく、葛城山中の支峰、岩橋山もしくは金剛山だという研究も出されているという。この考え方はまさに伝説の脱魔術化として、現代人にも納得ゆくものであろう。(3)

しかしその合理性への信頼は、反面で失うものも大きい。なぜなら役行者伝説は、最後には行者が空を飛んで唐に亡命したとされるほどスケールの大きなものであった。もしこの岩橋が葛城山系の中に収まるほどの慎ましいものだったとしたら、それが「国を傾けんとす」(『今昔物語』)、「竊ニ国家ヲ窺フ」(『元亨釈書』)といわれなければならないほどのものだったろうか。

今これが、幻想的な伝説だったことを否定する人はいない。しかし、このような幻想性の強い伝説が生まれるのは、その反面で体制権力からの抑圧がそれだけ強かったことと無縁ではなかろう。人は昔も今も、事業であれ芸術であれ幻想を持たなければ平穏無事な安泰をかちとる反面、人を魅了する壮大な気宇や構想力を失う。すべて現存秩序の変革は幻想から生まれる。

さまざまなモティーフ

この岩橋伝説は、役行者の律令国家に対する熾烈な対抗意識が次の三つの点であからさまに語られている。

第一には役行者が朝廷に讒訴《ざんそ》されたことであり、『続日本紀』では韓国連広足《からくにのむらじひろたり》が、前記諸著の岩橋伝説では一言主が讒訴者になっている。いずれにせよ、この讒言によって役行者が流罪になる点では一致している。

韓国連広足は物部氏《もののべ》の出で、もともとは役行者の弟子だった。後に朝廷に出仕して律令制下、最初の典薬頭《てんやくのかみ》になっている。このことから師弟の対立も生まれるであろう。それは医薬あるいは医療技術、より広くは技術一般が国家のものか、あるいは国や官の束縛を離れた地点に成立するものかの対立としてである。

一言主も朝廷に讒訴している。伝説では、橋の建設がはかどらないことに怒った行者によって一言主は葛の蔓でぐるぐる巻きにされ、谷底へ投げおとされる。その呻き声は谷間から聞こえたとされている。この激しい怒りの背後には、既成の権力に屈伏した一言主への怒りがあるであろう。

第二点は、この一言主の性格と運命についてである。『古事記』『日本書紀』に現われる一言主と雄略天皇との交渉は、大和朝廷すなわち天津神《あまつかみ》と、葛城地方に鎮座する土着の神つまり国津神《くにつかみ》との対抗関係である。多くの国津神がやがて地底の神々に変貌させられていった。

次いで役行者と一言主との関係は、仏教に対する日本の神の運命を暗示している。この戦いに破れた一言主は谷底へ落とされる。これについては葛城氏・加茂氏など、地元諸氏族の勢力隆替と関連して多くの研究書が言及しているところである。それは、そうであろう。しかし話がこの次元に止まれば、もっと大きく日本の神々の運命を見ることはできない。そこには、かつてハインリッヒ・ハイネが書いた『流刑の神々』の姿を連想させるものさえある。それは、特定の時代や地域を超えた日本人全体の運命を暗示しているかもしれない。

最後の第三点は「虐げられし者」のモティーフとしての土蜘蛛。役行者伝説に土蜘蛛は登場しない。その最初の出現はより早く『日本書紀』神武天皇の即位前記にある。葛城の土蜘蛛は、他の地方の土蜘蛛共々、神武天皇によって誅殺され地下に埋められた。現に奈良県御所市の葛城一言主神社には土蜘蛛を埋めたという蜘蛛塚がある。

このことは、土蜘蛛と谷底へ落とされた一言主神とに共通の運命があったのではないかと想わせる。

では、そもそも土蜘蛛とはいかなる存在だったのか？　最初から妖怪だった訳ではあるまい。それと役行者・一言主との関係は？　さらにいえば、岩橋建設に従事した鬼神は土蜘蛛の末裔と考えることはできないか？　なぜ役行者は彼らを使役して橋を造ろうとしたのか？

一般的にいえば、既成の権威・権力に抗して敗れた者は亡びた後も、悪魔・怪獣・妖怪の類として後世に伝承される。敗者は、亡びた後も虐げられる。このことは洋の東西、時の今昔を問わない。さらにまた、神々の運命も実は民衆の運命である。そうだとすれば、ハイネの『流刑の神々』は役行者伝説の系譜全体を考え直す上でも参考になるのではないか。

地底の神々

『古事記』では雄略天皇の条に、天皇が百官を率いて葛城山に登った時、その前に天皇の隊列にも劣らぬ一言主の行列が現われる。怒った雄略が「名を告れ」と呼びかけると、相手は

吾は悪事《まがこと》も一言、善事《よごと》も一言、言ひ離つ神、葛城の一言主大神ぞ

と答える。これが文献上、一言主の最初の登場である。

こうして一言主が現人神《あらひとがみ》だと分かって、天皇は自ら刀や弓矢をはずし、百官には衣服を脱がして献上し、拝礼したという。この一言主は「葛木にましますー言神」とされ、葛城地方の豪族加茂氏が斎《いつ》き守ってきた土着の神、国津神だった。天皇もこの神には恭謙の姿勢を示さなければならなかった。

ところが『日本書紀』では、一言主が「面貌容儀」まで天皇に似ていたと書き、天皇の前に一人で現われている。ここでの一言主は、依然として一定の権威は保持していても、既に行列ないしは隊列を組む力と集団的背景を失い、大和朝廷との間に力関係の均衡はなくなっている。

これが更に『続日本紀』になると、淳仁天皇の天平宝字八年（七六四）十一月の条に雄略天皇は葛城の「高鴨の神」を土佐へ流したとなっている。高鴨の神とは一言主のことで、これは一言主つまりは加茂氏が没落して、完全に大和朝廷に服属したことを物語っている。その後、一言主は許されて再び葛城に祀られるが、それは追放されて三〇〇年以上たってからのことだった。伝説に年号合わせをしても仕方がないが、役行者の岩橋に出てくる一言主は追放中の出来事となり、この神が葛城の谷間におとされて呻吟しているという伝説もその落魄した運命を反映している。

ところで、この一言主という神の名はなにを意味しているのだろうか。かつて神と人が直接交流できる純にして素朴な時代があったとしたら、そこでの神の言葉は常に一言であったろう。聖書ではイエス・キリストも「ただ然り然り、否否といえ。これに過ぐるは悪より出ずるなり」（「マタイ伝」第五章）といっている。

一言主については誰もが参照するように、柳田国男はこの神が「託宣神」であったと述べている（「一言主考」）。もともと神は人にむかって託宣する。したがって各地に一言という神があるのも不思議ではない。それはむしろ、神と人との間に制度化された宗教や国家が介入する以前の、素朴・純粋な神人交流の姿であっただろう。

一言主に対する雄略の怒りは、神人交流のこの素朴な共同体に向けられていた。天皇は「この倭国に、吾をおきてまた王は無きを……」と述べているからである。ここには、古い神と人との間に割って入る雄略の政治意志が反映している。

しかし、この一言主を斎《いつ》き祀《まつ》る共同体も同質・均一ではなく、むしろ多言語に近い集団を形成していたのではないか。もともと葛城地方は、新羅・百済など半島からの渡来人の多く住む所だった。一言主は葛城賀茂氏の祭神だが、賀茂氏はまた『新撰姓氏録』では大国主神の子孫とされており、出雲系の系譜に連なっている。さらに出雲系の神々は半島との繋がりも深かった。こうしてみると古来、葛城地方の人々は半島訛りの強い言葉で話す人々も混じりあっていたのではないか。一言主を神として崇めることは、共同体内部でも言語によるコミュニケーション・ギャップを救済する意味があったであろう。異文化同士の最初の接触は一言から始まる。敗戦後、米軍占領下の日本でも〝イエス、イエス〟、〝サンキュウ〟が言えれば英語ができることになっていた。

このような言葉が、筑紫から東征して大和に根をおろした天孫系の人々に通じなくとも不思議ではない。この国に「吾をおきて王は無きを」と統一国家をめざす雄略には、一言主を追放するのに十分な理由があった。国家統一とは言語の統一でもある。

こうして大和朝廷と一言主との対立は、天津神と国津神との対立だった。すでに「神代紀」の段階で国津神の最大勢力、出雲の神々を地下に追放した天孫族にとって戦いの帰趨は明らかだった。この戦いに破れた一言主は土佐に追放される。

他方、役行者と一言主の対立は、新来の高度宗教たる仏教とこの国土着の神々との抗争となる。結果は、当然にも前者の勝利だった。この両者の対立は遅れてきた崇仏・排仏両派対立の地方版である。勝利は、聖徳太子の時と同じく崇仏派の制覇に帰着する。土着の神・一言主はこの戦いにも負けた。

天孫族に滅ぼされた大国主は死んで「黄泉」の国の支配者となった。出雲の神々は幽界を支配する「地底の神々」にされていった。一言主の運命もそれと似ている。

この二つの敗北は、一言主の容貌すら変える。かつては雄略天皇から「仙」の如しとまでいわれた一言主の容貌も、『本朝神仙伝』や『今昔物語』になると「容貌太《はなは》だ醜し」に変わってくる。この「醜さ」は次のモティーフ、虐げられし者たちとしての「鬼神」の考察とも繋がってゆくであろう。

四　「虐げられし者」たちの伝説

あの「岩橋」伝説には、立場を異にする三つの当事者が登場する。現代風にいえば、役行者は事業主あるいは発注者、一言主は現場監督、そして役行者が自在に使いこなしたという「鬼神」たちは労働者にあたるだろう。彼らは橋建設を命じられて「是に神等皆愁ふ」（『日本霊異記』）とある。それは役行者の勢威におそれをなすと同時に、課せられる苦役の様を思っておののいたのであろう。一体、この鬼神とは何者なのか。ことによると、彼らは一言主よりも先にこの地方に居住した葛城土着の民たちであったかもしれない。もしそうだとすれば、彼らは昔、神武天皇に誅殺されて地下に埋められた土蜘蛛に率いられた族民の子孫だったことになる。

土蜘蛛と蜘蛛塚

先に述べたように現在の奈良県御所市、葛城一言主神社には境内の茂みの中に大石があり、その下には神武によって掃滅された土蜘蛛が埋められているという。これが蜘蛛塚である。『日本書紀』の記述は次のようになっている。

又、高尾張邑《むら》に、土蜘蛛有り。其の為人《ひととなり》、身短くして手足長し。侏儒《ひきひと》と相類《に》たり。皇軍《みいくさ》、葛《かづら》の網を結《す》きて、掩襲《おそ》ひ殺しつ。因《よ》りて改めて其の邑を号《なづ》けて葛城と曰ふ。

葛城の地名は、葛の網で一網打尽に殲滅したところから生まれたという。同じ頃、大和地方だけでも葛城以外の地三ヵ所で土蜘蛛が殺されている。

『逸文風土記』によれば、神武東征の際それに抵抗した穴居民を土蜘蛛と呼んでいた。実に土蜘蛛は、大和地方に入った天孫族にとって最初に直面した敵対勢力だった。早くからこの地に居住していた彼らから見れば、神武天皇とそれに従う天孫族は父祖伝来の地に侵入してきた征服者、支配者にすぎない。彼らは一族をあげて侵略者と戦い、その結果、族長は殺され、さらに土蜘蛛という化け物じみた賎称をかぶせられて土に埋められた。この名には、侵入者の苛酷な征服意志が刻まれている。残った族民は被征服者として、その後長く過重な労役に服することになったであろう。地方でも常陸・豊後・肥前・陸奥などの各地『風土記』には、おおむね景行天皇の頃までにあまたの土蜘蛛が滅ぼされたことを記している。例えば常陸には国栖《くず》・八束脛《やつかはぎ》・佐伯《さえき》と呼ばれる土蜘蛛がいた。「くず」とは土着民のこと、「やつかはぎ」は体が大きいこと、「佐伯」とは「塞ぎ」で不服従を意味し、それぞれが土蜘蛛の特徴である。彼らはいずれも天皇軍によって、茨を詰めた穴に追い込まれて殺された。茨城の地名はこうして生まれた[4]。

また『逸文風土記』では、陸奥の国八槻郷に八人の土蜘蛛があり、一時は国造も敗北するほどの勢いだったが、日本武尊によって討伐されている。この時、津軽では蝦夷勢力つまりアイヌ民族も土蜘蛛を支援し、天皇軍の見たこともない新兵器を使って戦ったという。こうなると戦いは、もはや征服者と被征服民連合の対立という図式になる。「虐げられし者」の繋がりは、古代においてすら既に国際的だった。

ところで、あの「岩橋」伝説の「鬼神」が土蜘蛛だということを示す証拠はない。ただ記紀においても、最初に天孫族の前に現われる土蜘蛛たちは自らを国津神と名乗っている。その「神」が征服者からは土蜘蛛と呼ばれた。征服者は、その戦勝の記念として葛城・茨城などの地名をのこした。生き残った土蜘蛛たちの消息は伝えられていない。

古い土着の神々が新来の神に破れ、鬼・妖怪・魔物・化け物・悪獣の姿に変えられる噺は日本だけのものではない。ハインリッヒ・ハイネの『流刑の神々』はヨーロッパ土着の神々の運命を描いた。日本では歴史上「神身離脱」といわれた現象が、仏教に破れた日本の神々「衰頽」(柳田国男)の影を言い表わしている。

ハイネの『流刑の神々』

紀元一世紀、ローマ皇帝ティベリウスの時代、地中海をギリシアからイタリアへ向かう一隻の船があった。夜になってある島影を航行していると、突如彼方から「タムース」と大声で叫ぶ声が聞こえた。彼はその船の操舵手だった。ついで再び大音声が響き、「汝、往きて告げよ。大いなるパンは死せりと」と呼ばわって消えた。他の乗客、船員みなこの声を聞いた。

イタリアへ着くや皆がこの出来事を話したので、ローマでも評判になり、ついにタムースは皇帝に呼び出されて一件を報告した。ティベリウスはこの件の調査を命じたという。

パンとはギリシア神話の神々の中の一つ、牧神とされている。またティベリウスはエルサレムでキリストが処刑された時の皇帝である。従って後世、この言葉はキリストという新しい神の登場によって、古代世界を支配したギリシア・ローマの神々没落の予言と受けとられた。パスカルはこの言葉をキリスト教の勝利、異教的神々の衰退と解し、ニーチェはキリスト教の神をも含めた「神の死」と解釈したのではないかとされている(5)。

こうして、神々にも運命はある。ハインリッヒ・ハイネの『流刑の神々』(Götter im Exil, 1853) は、紀元三世紀頃からヨーロッパにキリスト教が広まると、それ以前からの神々、例えば古代ギリシアや各地土着の神がいずれも邪教・邪神として抹殺されてゆく物語である。それらの神々はあるいは悪魔として、あるいは異形の妖怪・化け物ないしは怪獣の姿になって、地底に落とされたり、僻地へ追放されてしまう。神々の悲哀と苦悩はこうして始まった。

ハイネによれば、追放された神々は住むに家なく、食うに糧もない有り様で、かつての素性を隠して人間に使われ「日雇い労働」に携わっている。ギリシア神話では太陽神とみなされてきたアポロンも牧場で働いていたが、あまりに歌がうまいのでキリスト教の僧侶に異教の神だと見破られ、裁判にかけられて拷問のあげく処刑された。その後、あれは吸血鬼だったに違いないという噂がたち、それでは体に丸太を突き通して生き返らないようにしようと墓をあばいたら「墓はからっぽだった」。

その他、ヴィーナスは暗闇の洞窟に棲む魔女にされ、ジュピターは北極の氷の穴に住んで寒さに震えながら兎の皮を商っている。ユダヤ人だったハイネは、これらキリスト教によって追放され、処刑された神々の運命を同情をこめた筆致で描きだした。

新来のキリスト教に屈伏し、それに服属した異教の神々もあったことだろう。ヨーロッパの壮大な教会、例えばパリのノートルダム寺院などには建物の上方に魔除けとして怪獣の首が空を睨んでいる。その顔貌はいかにも妖怪じみているが、もともとは彼らもれっきとした地元の神々ではなかったのか。それが、やがて怪物じみた恰好になってキリスト教を護る役割を果たすことになってしまった。

「神身離脱」

ハイネの『流刑の神々』は、かなりの程度日本にもあてはまる。柳田国男もはじめ『諸神流竄記』と訳されたハイネのこの著に大きな感銘を受けていた。

日本では記録に現われる限り、その過程は二段階をとる。一つは、大和朝廷の覇権拡大と共に滅亡ないしは従属に追いこまれる者。出雲系の「国津神」がそれであり、天孫族以前の原住民も土蜘蛛と呼ばれて大和政権の軍事力によって滅んでゆく。

次の段階は仏教の伝来によってである。仏教の権威は、二つの側面から成り立っていた。一つは、高度の哲学的体系を備えた精神的側面。日本古来の宗教は、到底その壮大な教理に太刀打ちできなかった。他の一つは、医療から天文・算方、それに道・橋・堤防から堂塔伽藍などを建設し、優美な仏像その他を作り出す技術的側面である。新しい技術的成果は、生活上の福利・厚生に役立つと共に、その作品の素晴らしさは人々の眼を奪うに十分なものがあった。このように新来の技術と結びついた権威を前に、日本古来の神々の苦悩は深まり、神が神であることを続けられなくなる。それが「神身離脱」である。

神身離脱の傾向は奈良時代から平安初期にかけて強まるが、その背後には二つの大きな流れがあった。一つは、今述べた仏教の浸透。もう一つは律令国家の形成である。

律令国家は、原則として全国の土地・人民を公地・公民にすることをめざしたから、特に農民層への影響は至大なものがあった。それ以前の村落共同体は崩れ、したがってその地に祀られていた土着の神はまさに流竄の運命に追いこまれてゆく。

しかし律令制は、形成と同時に解体の過程を平行させている。解体とは中央の貴族や有力な寺社に私有地を認めたからであり、それが荘園である。平安時代は公地・公民の原則と、荘園拡大の傾向がせめぎあうプロセスだったといってよい。新しい支配者は中央から自分たちが奉ずる神仏を持ちこむだろうから、ここでもそれ以前の神は社殿を破壊され、漂泊、流浪の身となる。まさに流刑の神々が、各地で無数に誕生したであろう。

こうして神身離脱は、神々の苦悩から始まる。若狭比古神の「我、神身をうけて苦悩はなはだ深し」（『類聚国史』）とか、越前気比神の「われ宿業によりて神となることもとより久し」（『藤原武智麻呂伝』）などがそれであり、「仏法に帰依して神道をまぬかれんと思ふ」と仏に救済を求めてゆく。神であることを宿業とみなすのは、神のままでは仏教に帰依しない限り輪廻の宿命から解脱できないという意味である。

このことは伊勢の内宮に祀られる神道の主神、天照大神すら例外でなかった。大神は雄略天皇の夢に現われて訴える。自分は高天原にあるが「一所に坐《ましま》せば甚だ苦し、しかのみならず、大御饌《おおみけ》も安く聞しめさず坐します」(『止由気宮儀式帳』)。外宮、つまり豊受大神の「ケ」は食物を意味するから、もともと丹波の神だった豊受は天照への食料補給のため伊勢へ遷ったとされている。[6] 天照大神すら日々の食料に乏しく、外宮の緊急援助をうけるほど窮乏していた。

この神身離脱の思想は奈良時代に起こったが、平安時代にも存続してゆく。たとえば伊勢の皇大神宮に奉仕する斎宮は、未婚の内親王・女王から選ばれ、一切の仏事をしりぞけ、ひたすら神に仕える。だが、それが仏教的な観点からは「罪」となる。『源氏物語』で六条御息所は伊勢から帰京するや「罪深きところに年経つるもいみじふ思して」(澪標)尼となる。彼女が死後も苦しむのは、「斎宮におはしまししころほひの御罪」(若菜下)のためである。神の権威は堕ちた。現人神とされた天皇をはじめ、皇族・皇女といえども仏教的な因果応報・輪廻転生の摂理の下に立たざるをえないのである。

ところで神々の苦悩とは、それを斎き祀る農民たちの困苦、貧窮にほかならず、天照のように格式の高い神すら「甚だ苦し」であれば、それ以下の諸神の運命はもっと悲惨だった。『日本霊異記』のさまざまな説話では、それらの神々が新来の仏に破れて蛇や猿など人の忌み嫌う動物に堕され、あるいは仏に救いを求めてその扈従《こしょう》となる。

土蜘蛛の運命も正に同じであったろう。彼らは神からも仏からも見捨てられた妖怪となり、説話・演劇・絵画などでは常に討伐される対象として登場する。だが、もし「岩橋」伝説の鬼神の前身が葛城の土蜘蛛だったとしたら、それは彼らが救済を約束される第一歩だったといえるのではないか。役行者が企てる〝もう一つの国〟造りに参加することによってである。

このことは役行者像の脇侍として登場する前鬼・後鬼の意味と係わってくる。

「虐げられし者」たちの救済

今に残る役行者の図像・彫像は、しばしば脇侍として前鬼《ぜんき》・後鬼《ごき》を伴っている。室町時代に書かれた『役行者本記』によれば、善童鬼・妙童鬼と呼ばれる夫婦の鬼は生駒山中に棲んでいたのを行者に救われて弟子となったという。行者、三十九歳の時とされる。

まずこの噺は、彼の教線が吉野・葛城・生駒と伸びて山居の民を救済してゆくことを物語っているだろう。それは霊界と現世を繋ぐ「橋」の延長であり、〝もう一つの国〟の拡大とみなすことができる。

前述のように、そもそも橋の意義は二義的である。人界と霊界、現世と異界を繋ぐ橋は、同時に渡る者を救済するという意味もあった。現に由緒ある神社の前庭にはしばしば池泉、渓流があって、橋を渡って本殿に進むようになっている。渡るの「渡」と、度するの「度」は同じ意味を持っている。度とは済度、救済である。橋は人を神仏の下へ渡す、あるいは彼岸・仏国土へ度するものでもあった。あの岩橋も鬼神を「度」する橋だったのではないか。

土蜘蛛は山居の民だった。生駒山に棲んでいた前鬼・後鬼も山の民であり、しかも人肉まで食していたという。窮乏の果てというべきだが、ここに救済へ向けてのもう一つの伏線がある。

もともと人肉を食していたという前鬼・後鬼の話は、鬼子母神《きしもじん》信仰と係わっていよう。鬼子母神も元は子供を取って食う鬼だったが、仏に救われて逆に子供を守る神に変わったとされる。後には法華経を守護する善神の一つに加えられた（陀羅尼品第二十六）。前鬼・後鬼救済の伝説も、法華経信仰と深く繋がっているであろう。

もう一つの亡命

しかし教線の拡大は、律令国家の警戒心を強めることにもなる。伊豆に流された役行者は、さらに謀叛の罪があるとして死刑の決定を受けた。刑吏に囲まれた時の情景については次節に述べる。だがここにおいて、彼はついに亡命を決意した。

もともと、役行者は山林修行の発端から「亡命」者とみなされていた。それだけでなく、この古典的定義を乗り越えて外国への亡命を果たしたのも彼だった。これは、現代語の意味でも亡命といえるであろう。

『役行者本記』その他の伝承では、行者六十八歳の時、母を伴い、天空に昇って唐に飛び去ったとされている。あるいは彼が母と共に虹の橋を渡って唐に渡ったとすれば、美しくも壮大な神話的橋物語の完結である。山林への「亡命」から海外への亡命へ。これが役行者の生涯だったとすれば、ここには一貫して律令国家との対決があった。

前節『太平記』に触れた箇所でも述べたが、時には伝説の方が単なる史実よりも鋭く歴史の本質と伝説が造られた時代の相貌を伝えることがある。例えば江戸時代末期作の『皇統扶桑記図会』で、役行者は「我は王の臣、王の民にもあらず」と言い放つ。逮捕に向かった役人が「普天の下、王土に非ざる事なく、率土の濱、王の民に非ずと謂ふ事あらんや」と反論すると、「小角嘲笑ひ、此土王の国ならば立去るべしとて、忽ち虚空へ飛上り、空中に端然として坐し……頓て雲を踏みて行方知らずになりにけり」とされている。

ここには伝説の形で、過去と〝現在〟（この場合は江戸末期）との対話がある。この記述は役行者に託して、現存する国家体制の権威が揺らいだ幕末の雰囲気を伝えている。幕藩体制の崩壊は、これも一種の「亡命」というべき脱藩して浪人となった志士たちの力に負っていた。

社会の構造が激変する時、亡命もさまざまな形で現われる。亡命を決意した役行者にとって、律令国家がめざす「王土」・「王臣」にはなんらの魅力や権威も見いだせぬものだったのではないか。ここにも、役行者の亡命を国家観の対立としてとらえなおそうとする伝説の読みなおしがあった。変革直前の幕末は、変革者役行者の像を描いていたのである。

五　なぜ役行者伝説に法華経が取りこまれてゆくのか？

前述した前鬼・後鬼救済の伝説は、法華経信仰と深く係わっていた。さらに、役行者伝説と法華経との繋がりは、本来は山岳信仰に基づく伝説が次第に山を下りて里へ、さらには里から都市住民の中へ浸透してゆくための仲立ちとなるであろう。平安時代になると、はっきりと都市と呼べる町、京都が形成されていた。

役行者伝説の中の法華経

『妙法蓮華経』、つまり法華経は日本に仏教が伝来して以来、また聖徳太子が勝鬘《しょうまん》・維摩《ゆいま》の両経の義疏《ぎしょ》と共に『法華義疏』を著わして以来、日本では諸経中第一の経典として崇められてきた。ほとんどすべての宗派が法華経を読誦し、尊崇していた。この意味で日本仏教は法華経と共に展開してきたのである。

したがって役行者伝説に、それも後代のものほど法華経の色あいが濃くなるのも不思議ではない。では、役行者伝説にどのような形で現われているだろうか。

(1) 伊豆へ流された役行者が朝廷から死罪を宣告され、役人が派遣されたが、その刀に富士権現の表文が現われ、ついに赦免となった。この『扶桑略記』などに現われる説話は必ずしも法華経と関連づけられていないが、そう思わせる根拠はいくつかある。その第一は、法華経に「刀杖段々壊」の語句があるからである。経文でそのくだりは、次のようになっている。

若しまた人ありて当に害されるに臨みて、観世音菩薩の名を称せば、彼の執る所の刀杖ついで段々に壊れて解脱することを得ん（観世音菩薩普門品　第二十五）。

この経文にかかわる最も有名な例は、まさに法華行者として生きた日蓮の遭遇する竜の口の法難である。文永八年（一二七一）九月十二日、日蓮は死罪の宣告を受け、鎌倉の海岸竜の口へ引き出される。彼は、かねて幕府に向かってもろもろの国難到来を予告し、中でも「他国侵逼難《しんぴつなん》」を説いて蒙古の侵攻が近いことを予言していた。そのために世を惑わす者とされたからである。日蓮が海岸に連行された時、江ノ島から月のような光りものが飛んで人々の面を明るく照らした。それによって、日蓮を取り巻いていた武士たちも目がくらみ、恐れおののき倒れ伏して、ついに死罪は中止となり、佐渡へ流刑となる（「種種御振舞御書」）。

日蓮宗において、この竜の口の法難がどれだけ信徒の祖師信仰を強め、かつ広めたかはいうまでもないことである。役行者の場合も富士権現の表文を法華経を信奉する人々が観音普門品に適合するように書き換えてゆくこともあっただろう。

例えば幕末の戯作者好華堂・山田案山子の『扶桑皇統記図会』では、行者の首を斬ろうとした武士の太刀は「二段に折れ」、刀を変えて振りおろした太刀は「又三段に折れ」と明らかに経文に即した形に描かれている。

（2）既に鎌倉・室町時代ごろから、葛城山系は法華経の峰とみなされ、役行者によって法華経二十八品が連峰の各峰に収められたと信じられていた。またこの峰には、法華経の全文六万九千三百八十四字が散りばめられているという伝承もあった。こうして葛城連峰は法華経の霊山であり、修験道行者の聖地となっていった。(7)

（3）しかし歴史の中に間歇的に現われるのは、時に法華経信者に見られる強烈な仏国土・理想国・ユートピア国への希求である。もともと法華経には「仏国土」という言葉がしばしば現われる。鎌倉時代の僧凝然《ぎょうねん》が書いた『八宗綱要』では、凡聖同居・方便・実報・寂光という四つの「仏土」を挙げている。とりわけ最後の寂光土は、仏の功徳あまねく行きわたる清浄、円満な国土である。

こうして、もし役行者のあの「橋」が現実の律令国家と厳しく対立する〝もう一つの〟仏国土観の象徴だと見れば、それは法華経信仰におけるこのような側面とも無理なく融合できるものとなる。

（4）さらに法華経では、このような仏国土実現のために、あらゆる苦難に耐えて邁進することこそ法華行者の使命とされた。「日月光明の能く諸の幽冥を除く如く、この人世間にこの経を行じて、能く衆生の闇を滅すべし」（如来神力品第二十一）。「この人」とは法華経の導師のことである。おそらく後代の法華信徒は、律令国家の権威・権力に屈しなかった役行者の姿にこの導師の姿を重ね合わせていたのではないか。

上記、凝然が挙げた四つの仏土観は、聖性と俗性の間を段階的に分類しているように思われる。最初の凡聖同居の仏土とは、現実の国家と仏国土の並立段階と考えられる。最後の寂光土は、最も聖性が強く純宗教的な仏土である。

江戸時代の禅僧として名高い良寛は、『法華讃』を著わすなど法華経への傾倒は深かったが、次の和歌は経中の「化城喩品《けじょうゆほん》」第七に寄せたものである（『良寛歌集』）。

ゆきゆきて　宝の山に入りぬれば　仮の宿りぞ　棲処なりける

ここに良寛が思い描いていた仏土は、その聖性において一点の曇りもない寂光土であったろう。この「化城喩品」は現実の国家と求めるべき仏国土との関係を示唆していると考えられる。経典には次のように書かれている。

「一人の導師あり。聡慧明達にして善く険道の通塞の相を知れり。衆人を将導して此の難を過ぎんとす」

彼は、あらゆる苦難を克服して、多くの人を仏国土へ導こうとする導師だった。しかし中途、大衆は彼に訴える。われわれはこれまでの道の険しさに怖れをなし、既に疲れはてて「また進むこと能はず」と。

そこで彼は大衆が休息するために一つの城を築く。「諸人既に城に入り、心皆大いに歓喜せり。」人々はもはや瞼路を渡りおえたものと思った。しかし彼は、皆が十分に休息したのを見届けてから告げる。「此れは是れ化城《けじよう》ならくのみ。」「宝処は近くに在り、此の城は実に非ず、我が化作せるものなるのみ。」さらに真の仏国土を目指して進もう、というわけである。求められる仏国土も、最初の凡聖同居のものから更に高次のものへと進む。化城喩の名はここに由来している。

ここには厳しさと優しさ、情と理を兼ねそなえたほとんど理想的な導師像がある。大衆はこのような行者を求め、またそれ故に受け入れてゆく。

役行者が朝廷に逮捕される際、一度はその追及をかわしたが、身代わりに母親が捕えられたのを知って自ら出頭する。また、唐へ亡命する時も母を伴って空中を飛び去る。これらの逸話故に、役行者は孝子伝にも名を連ねることになった。こうしてそのイメージは、単に山岳修行者の厳しさだけでなく、広く大衆の崇敬をあつめる優しさをも兼ねそなえるものとなっていった。

山から里へ、里から町へ

では、法華経をベースとした役行者伝説の展開は、社会的にどのような変化に対応していたのだろうか。

もともと葛城・吉野地方の山岳修行だった役行者の宗教は、修験道と合して全国的な広がりをみせていった。あの岩橋の話も、峰から峰を伝う修験行者の通行路開拓を伝説化したものと解される。ただが信仰圏の拡大は、当然、山岳修行者を平地住民と接触させることになる。役行者についてのイメージも特定の修行者の先達から、一般民衆の信仰の対象へと変貌してゆく。山から里への進出である。法華経はこのように無数の大衆、つまり「衆生」の救済をめざす信仰の根拠となる。

さらに平安時代になると都市が出現した。平安京である。都市にはやがて商工業者が集まり農村とは異なる社会層を形成するが、それに最も適合したのが法華経信仰だった。もともとインドにおいても、法華経経典を作成したのは貨幣経済が成立していた北方インドを中心とする商業および商品生産従事者ではなかったかとされている(8)。したがって法華経は日本でも、本来の山岳信仰と都市住民を結びつける媒介の役割を果たしたものと思われる。里から町への展開である。

室町期、戦乱の世の中に役行者への信仰が京都町衆の間に現われるのも、現実と理想を重ね合わせた法華経の流布を下敷きにしていたものであったろう。

町中の仏国土

十六世紀の前半は戦国時代の末期である。天文元年（一五三二）ごろには京都に急速に日蓮宗の勢力が拡大し、「京中おおかた題目の巷」（『昔日法華録』）といわれるほどとなり、町衆を中心とする法華一揆は農民を主体とする一向一揆と激しい戦闘を交えていた。当時の町衆は町々に広範な自治権を握り、武力を有していたのである。

このような戦乱の世にも、あるいはそれだからこそ仏国土への希求は根強く流れていた。その典型的な例は元和元年（一六一五）、本阿弥光悦が徳川家康から与えられた京都・鷹峰の光悦村である。彼はここに親戚、友人などの町衆法華信徒と共に一種の芸術村としての自治体を建設した。この光悦村は家康から領有権・年貢徴収権・自治裁判権まで認められていた。この所領は約六十五年間存続し、彼の死から四十四年後の天和元年（一六八一）、幕府に返却された。

本阿弥家の家職は刀剣の研ぎとか鑑定だったが、光悦はそれ以外にも茶の湯・書道・蒔絵・製陶・書籍の装丁など広範な芸術分野での指導的な人物だった。江戸初期の代表的画家俵屋宗達や尾形光琳、弟の陶芸家乾山はいずれも本阿弥家の縁戚である。

だが彼が本当に求めていたのは、自治権の確立でもなく、芸術村の創設でもなかった。その真意は、この鷹峰の地に「全山皆法華の理想」、「世俗内寂光土」を実現することにあった。「麓には紙屋川水草清く……そば伝ひの細道は山がつの通ひ路」、朝まだき「目の及ぶ限の霧の海となり、しげりたる森は嶋のごとく、木々の梢はふねに似たり」（『本阿弥行状記』）というこの地の景観は、彼の目指す現世仏国土の理想に近いものがあったであろう。

しかしその想いも光悦の曾孫の代にあたる元禄十年（一六九七）、本阿弥家の江戸移転と共に消滅する。それは「刀剣を本阿弥に目利させて極札を取るは売物にせんが為なり」という投機的営利主義の巷に身を投ずることだったからである。ここに光悦の理想は畢った。(9)

町衆と「役行者山」

京都、八坂神社の御霊会として始まった祇園会《ぎおんえ》に、最初に山鉾が登場したのは長徳四年（九九八）のことだとされている。その後、応仁の乱によって中断していた祇園会が、町衆の祭りとして再興されたのは明応九年（一五〇〇）である。各町は、それぞれ趣向をこらした山鉾を作り、それには多く謡曲から採った名称がつけられていた。「橋弁慶山」・「白楽天山」・「黒主山」などである。

役行者町の「役行者山」は、既に応仁の乱以前からあったといわれ、謡曲『葛城』から採られている。「山」の上に安置される三体の神像は、中央に役行者像、左に鬼神の姿をした一言主像、右に女体の葛城神を配置する。これは、あの「岩橋」伝説をかたどったものである。

毎年、祇園会にはこの山鉾が市内を巡行するが、その前日には修験宗本山派の聖護院から山伏数十人が参詣し、護摩の修法が行なわれた。「役行者町文書」には、天保三年（一八三二）五月二十六日付けで町の年寄が連名で聖護院門跡宛に出された願書が収められている。そこでは、当町は

役行者山の三体の神像

前々から「役行者山」という山鉾を守ってきたが「右役行者尊之御儀は、当御殿様御元祖之御事」であり、それ故役行者の尊号である神変大菩薩の額を「御門主様御染筆ニ頂戴仕度」と述べている。町衆から聖護院との繋がりを深めようとする意向の現れであろう。同じ文書には、嘉永二年（一八四九）に筆者不明ながら役行者を尊崇し、山鉾を守護して家内安全・町内和合に努めるべきであるという趣旨の一文も収められている[10]。

山を下りた役行者は、祇園会の山鉾の上に祀られて都市住民にもかつての「岩橋」伝説を伝えるものとなっている。

第Ⅱ編　行基の「道」

――「知識」による諸事業

かつては道も、交通や交易の便宜性だけでなく、ある種の精神性、形而上的意味を帯びるものとして理解されていた。それは生活圏の拡大と共に、新しい人と人との接触や関係が重要性を増してきたことの反映である。道もまた単なる通路としてだけでなく、人間存在の根源に触れる意味を持ってきたからである。

日本には道徳・道義・武士道・芸道など「道」の精神性を示す言葉が多いが、キリストも弟子の一人トマスの「主よ、いずこへ往き給う?」(Quo Vadis?) の問いに「われは道なり、真理なり、生命なり」と答えている(「ヨハネ伝」第十四章)。キリストもまたわが道を往く「旅人」(Homo Viator) だった。

日本では行基が、現実に地の道を整備することによって仏国土に至る「道」を求めた最初の人物となる。この二重の意味で「道」は行基の象徴となる。それと共に、この国に仏国土の実現を目指した点で、行基は役行者と空海を結ぶ系譜の線上に位置している。

一　伝道と同行

「玉くしげ二人の友どちいざなひつれて、山鳥の尾の長旅」と弥次郎兵衛・北八の両名が東海道五十三次の旅に出る。十返舎一九『東海道中膝栗毛』の始まりである。

ところでこの五十三次とは慶長三年、徳川幕府が江戸・京都間に定めた宿場の数だが、それは『華厳経』の最終章「入法界品」に出る善知識の数にちなんでいるという。

「入法界品」とは、善財童子と呼ばれる少年が文殊菩薩に導かれ理想の世界を求めて五十三人の善知識を尋ね歩くという修行・求法の遍歴物語である。この五十三人とは、海師・長者・賢者・バラモン・外道《げどう》（仏教以外の宗教を信ずる人）・王・道場地神・天・夜神・仙人・比丘尼・女性などであり、女性の中には娼婦まで入っている。かえって著名な仏弟子などは訪ねていない。人間の価値は地位・身分・職業・性別、その他出家・在家、宗派の違いなど一切の区別を認めないという華厳思想の反映である。

この遍歴の後、善財童子は大きな楼観に至り弥勒菩薩に扉を開けるように祈ると、そこに開けた世界は衆宝を以て飾られ、香雲たなびき、金粉を降らし、蓮華の花が咲き乱れる浄土だった。壮大な華厳浄土の展開である。最後に彼は普賢菩薩の下で大慈悲心を体得する。『華厳経』の教主は、われわれが東大寺大仏として見聞している毘盧舎那仏だが、この仏は沈黙の説法の中に一切の衆生を照らす光として存在する。物語は、多くの菩薩たちによる菩薩行として展開する。

このように『華厳経』は唯識論にも通じる深遠な仏教哲理を説くと共に、視覚的にも豪華絢爛たる絵巻物の景観を示している。日本人が、一九の『膝栗毛』・広重の『東海道五十三次』から明治三十三年の『鉄道唱歌』まで、繰り返しさまざまなジャンルに東海道の旅を取り上げるのも、その底にはかつて人間の心に深い感銘を与えた華厳思想の残響が作用していたのかもしれない。

〝仏性は白き桔梗にてあらん〟（漱石）。「一切衆生悉有仏性」（すべての生きる者は悉く仏となる資質を持っている）は、大乗仏教の極致であろう。それはなによりも菩薩行、自分一個の救済つまり自利は犠牲にしても、他者への奉仕すなわち利他を優先させる点に現われる。行基も生涯菩薩行を追求した。『続日本紀』によれば行基は生前からすでに「菩薩」と呼ばれていた。

都鄙に周遊して衆生を教化す。道俗、化を慕ひて追従する者、動《やや》もすれば千を以て数ふ。所行の処、和尚の来るを聞けば、巷に居人なく、争ひ来りて礼拝す。器に随ひて誘導し、咸く善に趣かしむ。……時の人、号して行基菩薩と曰ふ（天平勝宝元年二月二日の条）。

伝道という言葉は、ある宗教上の教えを人々に説くことだが、それはまた各地を遍歴して教えを広めることをも指すであろう。ここにも、道の二重性が現われている。

この道は、常に同行者を伴う。釈迦なりキリストなりの旅が、一人だったとは考えられない。仮に形の上で一人だったとしても、そこには何時も仏や神が同行していたであろう。伝道の旅は、同時に同行の旅でもあった。

正史『続日本紀』に現われる行基についての記事は、行く先々で自ずから人々が集まる右の文もそうだが、常に弟子たちと共に行動したことが記述されている。「行基ならびに弟子等」道路に散らばり（養老元年四月二十三日の詔）とか、「行基法師、弟子らを率い」（天平十五年十月十九日条）など、その遍歴はいつも伝道であり、同行であった。

行基が出家したのは天武十一年（六八二）、十五歳の時だった。『行基菩薩伝』や『続日本紀』によれば、彼は初め法相宗を学び瑜伽《ゆが》論・唯識論を読んだが忽ちその意を了解したとある。

しかし彼は、師と仰いだ道昭が単に僧院に籠るだけでなく、「天下に周遊して」井戸を掘り、船を造り、橋（山城の宇治橋）を架け、寺を建てる伝道と社会事業を結合した新しい活動形態を深く学んでいた。道昭は若年の時、遣唐使に随行して唐に渡り、玄奘三蔵にも教えを受けた僧である。その弟子としての行基も、道昭の旅に従って各地をまわり、実地にその技術を習得していったであろう。

二　福田思想と菩薩行

経典が説く貧者・病人・孤児・寡婦などを救済する施設についてのマニュアルは、社会福祉を高唱する現代の観点からいっても極めて懇切だった。

奈良時代には聖武天皇の皇后、光明皇后も興福寺に悲田院・施薬院を造ったとされている。前者は貧者や孤児の収容施設、後者は貧しい病人に薬を支給する一種の病院だった。これらは現代的には社会福祉施設といえるが、仏典では福田行《ふくでんぎょう》と呼ばれている。

福田行、十三種

福田とは仏になることを志した修行者、つまり菩薩が行なうべき六つの行、六波羅蜜（布施・持戒・忍辱《にんにく》・精進・禅定《ぜんじょう》・智慧）の内の第一のもの、布施行を実践することである。当然それは衆生・民衆の福祉をめざす利他行であって、自己利益を図る自利行ではない。利他行・福田行・布施行は、すべて菩薩行であった。さまざまな経典が指示する福田行は、悲田・施薬を含みながら一層広範でゆきとどいている。

たとえば七つの福田を挙げる「諸徳福田経」、八つの福田を掲げる「梵網経《ぼんもう》」その他の経典を合して吉田靖雄氏は次の十二種、それに舟運・水防・灌漑施設などを加えて計十三種の福田を挙げている(1)。

一、井戸を掘る。　二、果樹を植える。　三、樹林を造る。　四、橋を架ける。　五、船を造る。　六、浴室を造る。　七、仏堂や僧房を造る。　八、宿舎を建てる。　九、道路を開く。　十、飢えた者に食事を提供する。　十一、病人に医薬を施す。　十二、公衆厠場を造る。　十三、水路を開くなど。

これらは一見ばらばらなように見えるが、行基が生涯に九カ所造ったといわれる布施屋と呼ぶ宿泊施設には一・二・三・六・七・八・十・十一・十二の福田が統合されていた。四・五・九・十三は土木工事のように見えるが、それも他の行と無関係ではない。

布施屋を生んだ過酷な徴税制

ではなぜ、行基は布施屋の建設に力を注いだのか？　律令国家の租税制は租庸調《そようちょう》三種の現物納と、雑徭《ぞうよう》と称する労役から構成されていた。この内、都奈良には米・塩・織物などの納税品が、これまた運搬夫に徴発された納税者の費用自弁で各地方から運ばれてきた。当時、これらの物品を運搬するだけでも苦難の旅だったし、途中、病気や怪我で脱落する者も多かったであろう。特に帰途、自前の旅費を使い果たして路上に行き倒れになる者は続出した。

中央政府もこのことは認識していた。たとえば和銅五年正月十六日の詔はいう。

諸国の役民、郷に還《かへ》るの日、食糧絶へ乏しくして、多く道路に飢えて溝壑《こうきょ》に転げ塡《う》まること、その類少なからず。国司ら宜しく撫養《ぶやう》を加へ、量《はか》りて賑恤《しんじゅつ》すべし。

それでも往路はまだましだった。運搬夫に米や銭が与えられたこともある。だが税が納められてしまえば、後は政府にとって用なしになる。したがって帰路に、多くの餓死者や行き倒れが増えていった。「郷に還るの日」といっているのはそのためである。ただし、このような認識はあっても、実際に有効な措置はほとんどとられなかったのであろう。公金が支出されても、役人の懐へ入ってしまうこともあったようである。このため主要な街道の分岐点とか橋のたもとには、窮民・病者が群がって倒れ、うずくまっていたという。

こうして見ると、いつの時代もそうだが政府や役人の措置は一見もっともらしく、しかし計算ずくの非情さを秘めている。行基の布施屋は、まず路上の病者・飢者を救うための施設として建設された。つまり最初は公営でなく、民間主導だった。

事実、公営の布施屋たとえば東大寺の布施屋は、行基の事業が広まったのを見て造られたといわれている。しかも仏典があのような福田を挙げていることによって、布施屋は単なる宿舎とは違った、それ以上のものとなる。

行基の布施屋

まず、布施屋の中には近くに自前の畑を開墾し、作物をえていたのではないかと思われるものがある。布施屋が前記のような人々を収容していたとすれば、それは宿舎でありながらほとんど病院に近い機能をもたなければならなかったであろう。もしそこに畑があれば、たとえば恢復期になった宿泊者が耕作して新鮮な作物を他の収容者に提供することもできる。薬草を栽培すれば医療にも提供できる。それは、このような施設が単に療養や体力の恢復だけでなく、人々にとっての精神的立ち直りの効果もあったであろうといわなければならない。

なぜなら布施屋が菩薩行として設立されたとすれば、以前からの収容者による自発的で無償の作業は、新来のより重症な人たちに対する菩薩行を果たすことになるからである。近代的な病院や養老院、その他の施設にこのような発想はない。

ここには、知識という言葉に込める精神的意味の違いがある。たとえ一把の蔬菜であっても、それを他者に提供することは当時の言葉で「知識」と呼ばれていた。現代の用語とは異なる、この意味での「知識」という言葉については後に再び取り上げる。

さらに布施屋では、周辺に果樹を植え、樹林を造ったであろうとされている。事実、東大寺が建てた十市布施屋には棗《なつめ》十七本・楊《やなぎ》十九本・梨四本・槐《えんじ》二本・栗五本・枇《びわ》一本・桃九本・梅一本・柿一本、その他多くの果樹・樹木が植えられていたという。経典が説く福田行の規定に従ったのである(2)。

さらに行基は、生涯に四十九院と呼ばれる多くの寺院・僧坊を造った。これは宗教活動のように見えるが、もともと寺は単に祈禱や礼拝の場だけではなく、かつては救護所であり、学校であり、宿泊施設でもあった。逆に、まず病院や孤児・寡婦などを収容する救護所を造って、その隣に小さな僧堂を設けたこともある。当然、布施屋にも小さな仏壇・仏間のようなものが付置されるか、あるいは僧院に近接して建てられていた。

近代国家の行政システムからいえば、病院と宿舎、学校と宗教施設の混同は許されない。そもそも管轄する官庁は異なるし、世人もその区別を当然と考える。近代人は、おしなべて区分する人の分析的思考を尊重する。つまり専門重視なのである。

ところが私は後に述べるように、行基や空海は日本の歴史には珍しい「全人」的な人物だったと思う。その背後には、彼らが常識的、専門的な仏僧の枠内に止まれなかった歴史的事情もあろう。しかしなによりも、そこには全人的に生き、あらゆる面に人間の可能性を追求して生きた「人」が存在した。このような「人」のあり方に応じて、彼らの業績の一つ一つが全的なものだったとみなされなければならない（〔補論2〕参照）。

行基の前にも「全人」的人物はいた。中でも道昭と道慈は行基と共に、その没年に正史『続日本紀』に追悼文が載せられており、当時から事跡の広さ大きさは認められていた。宗教者であると同時に土木・建築など、前記福田行の分野にも活躍したからである。

三　行基の先人、道昭、道慈のこと

道昭、玄奘三蔵の「道」を継ぐ

道昭は、孝徳天皇の白雉四年（六五三）に遣唐使に随行して唐に渡った。かの地では、あの『西遊記』に登場する玄奘三蔵に会って八年間の修行を続けた。三蔵法師は道昭にいったという。「自分が西域を旅している途中、飢えに苦しんだが、その時、突然一人の僧が現われ梨の実を恵んでくれた。その梨を食してから気力を回復して旅を続けることができた。お前はあの時、梨を与えてくれた法師にそっくりである」と。玄奘がいかに道昭を高く評価していたかが分かる。

この意味で道昭は、玄奘が辿った「道」の後継者ということができる。玄奘三蔵は当時、危険と苦難にみちたインドへの道を歩み、あまたの仏典を中国へもたらし、帰国後はその翻訳に精励した。道昭はさらに師の最新の訳業を東の方、日本に招来したのである。玄奘の西方への旅は、道昭によって東へ延長されたといってよい。仏典の弘布を果たしたこの道の繋がりが日本へも大きな恩典をもたらした。

道昭は最初、玄奘がインドから招来し、翻訳した唯識論を学んだようである。しかしやがて玄奘はいった。「難解な経論の研究に耽るより、お前は禅を学んで、それを東の国日本に伝えよ」と。道昭は師の教えを守って禅の修行に励み、帰国した後は元興寺（飛鳥寺）の一隅に禅院を建てて住んだ。「天下行業の徒、和尚に従ひて禅を学べり」、つまり国中の仏道修行に志す者は道昭に従って禅を学んだという。この『続日本紀』の記述は、道昭の感化がいかに広範にわたったかを窺わせるものとなっている。

道昭は死に至るまで座禅を続けた。ある時、急に和尚の部屋から香気が流れ出た。弟子たちが驚いて居間をのぞくと、道昭は端座したまま息絶えていたという。文武天皇四年（七〇〇）、七十二歳だった。その人柄について江戸時代、師蠻の著わした『本朝高僧伝』は「昭、満腔《まんくう》寛仁にして和気人に逼《せま》る」と述べている。悟達の境地に至った人格という他はない。

だがここまでなら、話はあまり珍しくない仏教説話、あるいは名僧・高僧伝の一節だと見ることもできる。しかし、それだけではなかった。『続日本紀』は先の禅への精進を述べた文に続けて「和尚は天下に周遊して、路の傍に井戸を掘り、各地の渡し場に船を造り、橋を架けたりした。山城の国の宇治橋は和尚が初めて造ったものであり、その周遊は十余年に及んだ」としている。

しかし当時、僧侶が寺院の外へ出て活動することは国家の固く禁ずるところだった。天武天皇八年（六七九）十月の勅には、「凡そ諸々の僧尼は、常に寺の内に住《は》べりて、三寶を護れ」（『日本書紀』巻第二十九）とあった。国家・政府あるいは朝廷が仏教に期待するのは専ら鎮護国家の役割を果たすことであり、民衆への布教やその救済は禁じられていた。

その中で、いわば官費の留学を果たし、帰国後は朝廷の信任も厚く、天下の修行僧から師表と仰がれた道昭が、禅院を出て民衆の間を周遊することは驚くべき事柄であったであろう。厳罰が下るのも予想された。では、なぜ道昭はこのような挙に出たのか。一方には彼の、民衆の救済こそが仏法の踏むべき本道だという確固たる使命感の如きものがあったであろう。

しかし他方、あえて国家の禁令を犯すことには師玄奘の先例が想起されていたのではないか。玄奘三蔵がインドから仏典をもたらすために故国を出発した時は、正式の許可を得ていない不法出国だった。玄奘の旅は、旅そのものの困難さの他に、官憲の追跡を免れるための苦難が加わっていた。玄奘が語ったあの「梨」の話は、彼が逮捕を免れるため昼間は身を隠し、夜間のみ旅を続けた時のことではなかったか。そうだとすれば道昭は、国禁を犯している自分に降りかかるであろう災厄の如き、師の辿った危難に比して物の数でないと思いさだめていたとしても不思議ではない。結果として道昭の行動は、民衆を教化し、その福利を増進するのに役立ったのである。

道昭は十余年にわたる民間活動の後、寺に帰ってほしいという文武天皇の懇篤な詔を承けて禅院にもどった。齢も既に七十歳に近かった。しかしこれも、年齢や天皇の要請だけが理由だったとはいえまい。この間の活動で、彼は自分の跡を継ぐべき若い僧たちが続々と育っているのを見極めてのことだったに違いない。行基もその中の一人だった。

シヴィル・エンジニアの先蹤

英語で"civil engineering"は土木工学と訳されている。土木という言葉は、中国では二千年以上前から使われていたもので、日本へも昔から入っていた。近代になって公式に現われるのは明治二年四月、政府八官の内の一つ民部官の下に土木司が置かれて以来のことである。ここでは道路・橋梁・堤防などの営繕を管掌した。

しかし内容上の齟齬はないとしても、土木という言葉はシヴィル・エンジニアリングと適合しない。シヴィルの語感が伝わらないからである。日本人はいまだに芳醇な、しかもシヴィルにふさわしい言葉を見つけていない。現憲法も「文民」など、出来の悪い翻訳臭そのままの言葉を載せている。

それに比べれば道昭の事跡は、今から千三百年前のことながら土木技師というよりシヴィル・エンジニアと呼んだ方が良いのではないか。その事業も、国土建設などと決めつけるより、当時の民衆の切実な期待や要望に応えようとしたものだったからである。

道昭は、次の道慈や他の優れた留学僧にも見られることだが、八年間の唐留学中、仏道の修行と共に当時の先進的な民生技術の習得にも意を注いでいたのかもしれない。あるいは彼の出自は河内の国、船連《ふねのむらじ》氏である。船氏とは代々造船を業とする渡来系の氏だったから、幼少の頃から技術的雰囲気には慣れ親しんでいたのかもしれない。

道昭の造船・架橋・井戸掘りなどの作業は、当然、民衆の自発的参加によって成り立っていた。行基もまたこのような道昭の事業に加わり、その中で諸技術を習得していったのではないかといわれている。『行基菩薩伝』では次のように伝えている。行基が弟子たちを連れて山崎川（淀川）に至ると、船も橋もない。ただ川中に一本の大きな柱が残っている。土地の人に尋ねると、あれは昔「船大徳」（道昭）が渡した橋柱の名残りだという。それを聞いた「大菩薩（行基）発願し……始めて山崎橋を渡す」と。見事に師の事業を受け継いだのである。

道慈の建築術

道慈の生年は不明だが没年は天平十六年（七四四）七十有余年の生涯とされているから、道昭よりは四十歳以上年少、行基とは同年代の人である。道慈が入唐したのは大宝二年（七〇二）、道昭渡唐の四十一年後となるが、在唐期間は十六年にわたった。やはり没年にはその事蹟を讃えて『続日本紀』に略歴・業績が記載されている。

道慈は留学中、主として三論（龍樹の中論・十二門論および提婆の百論。「空」を中心とする仏教哲学）を学び、日本に金光明最勝王経をもたらした。この経は、聖武天皇が諸国に建立する国分寺

（金光明四天王護国之寺）に教義的基礎を与えるものであった。

帰国後、彼は一種の僧尼論である『愚志』を著わした。それは仏法が形式にとらわれていては国を守り、人民の利益を図るものとならないことを論じたものだという。今、その原文は伝わらないが、おそらくは当時の律令国家における仏教のあり方を批判したものであろう。また彼は、『日本書紀』の編纂にも参加していたといわれている。

道慈は諸々の工作技術に詳しく、特に建築については構造から技術まですべてに精通していたという。彼は聖武天皇から飛鳥にあった大安寺を奈良に移築することを任され、完璧にその任を果たした。『続日本紀』は、その建築指揮ぶりに「あらゆる工匠までが感服しない者はなかった」と絶賛している。おそらく留学中は、工学・技術の面にも修得を怠らなかったのであろう。彼は自分の著書を愚志と名づけたが、それは逆説であり、その視野の広さ、志の高さは「全人」的だったといってよい。その人柄は元正天皇が「戒珠、満月を懐くが如し」と讃えたほどで、歴代天皇の信任も厚かった。

経典・教義の面と建築技術の面、この両面から道慈は国分寺の建設にも深く関わっていたであろう。諸国の国分寺の伽藍配置は、法隆寺式の相模を除いて大半が大安寺式のものとなっているからである。

四　行基の菩薩行

「小僧行基」

「方今、小僧《しようぞう》行基、竝びに弟子ら、街衢《がいく》に零畳《おりかさな》りて妄りに罪福を説き、朋党を合せ構へ……詐りて聖道と称し百姓を妖惑す。道俗は擾乱し、四民は業を棄つ。進みては釈教に違ひ、退きては法令を犯す。」

養老元年（七一七）四月二十三日、元正天皇の詔である。この時、行基は五十歳だった。

「小僧行基」、これは詔勅の言葉としてあまり上品だとは思えない。勿論、小僧とは具足戒《ぐそくかい》を受けていない沙弥《しゃみ》のことで、後世の丁稚小僧の意味ではないが、時の政府高官や官寺高僧たちの行基に対するいまいましさと、それにも関わらず民衆の支持を集める彼に露骨な弾圧もできないいらだちが込められているような表現である。

それでも詔勅の文言は厳しい。彼は、僧尼は寺の外で教えを広めてはならないという僧尼令の第五条に違反している。それだけではない。「百姓を妖惑し」と邪教、騒乱のイメージが鼓吹されている。この罪の最高刑は死刑である。

では、詔勅に名指しで糾弾された行基にはどのような処罰が下されたのか。この点について決定的な史料はなく不明である。もし厳罰に処せられるとすると先ず僧籍を奪われることになるが、それはない。ただ確実なことは、行基が菩薩行に挺身し始めてから既に十数年、その間「時の人、号して行基菩薩と曰ふ」までに多くの民衆の信頼と尊崇を受けていたことである。権力に力の行使をためらわせたのも、結局は民衆を反権力の方向に追いやりかねない懸念があってのことだったであろう。

それでは、ここに至るまでの経歴はどうだったのか。若年の時から行基の宗教活動は僧尼令、さらにはその基礎をなす律令国家の枠を逸脱しようとする行為の連続だった。彼には道昭・道慈と異なり唐留学の経験もない。

行基は十五歳で出家し、元興寺で「瑜伽《ゆが》・唯識論」を学んだが、即座にその意を理解したとされている。この両論は、大乗仏教を基礎づける仏教哲学の中でも最難解の理論といわれている。しかしおそらく行基は、そのいわんとする精神を直ちに了解した。同時に、煩瑣な教学の中に彼の求める仏法はないとも悟ったであろう。道昭・道慈らの先例も深く心に刻まれていたと思われる。

こうして彼は一説には二十四歳から三十七歳までの十四年間、山林修行に入る。これもまた、前の役行者の編でも述べたが国家の歓迎しない修行形態で、山林が反権力活動の拠点になることを警戒していた。

だが十四年の後、行基も山林に独居して修行を重ねることが小乗的な自利追求の性格を持ち、自分の求める利他行、大乗仏教の精神にそぐわないことを自覚するに至った。こうして彼は山を出て、民衆の間に菩薩行を展開する。

ただ山林修行にも、たとえば山野を跋渉して薬草を発見し、採取するという医薬的意義などもあったであろう。このような知見は、後に病者を治療する施薬院の活動にも役立った筈である。こうして見ると、行基は前半生から既に律令国家が承認する僧侶イメージの枠を逸脱していた。「小僧行基」には、これらを含めて国家の側からのいらだちが込められていた。

病人・飢者を泊めても違法

行基は和銅五年（七一二）、四十五歳ごろから各地に布施屋の設置を始めたのではないかといわれている。布施屋については前述した。

ところが僧尼令の二十二条には「僧尼が情を知り、浮浪人を一泊以上居宿させた場合、百日の苦役に処す」とされている。こうなると布施屋はもろに該当してしまう。ただ行基は、眼前に横たわる悲惨な光景と彼の固い信仰から、あえて違法の行為をもためらわなかったのである。

おそらくここには、通常は見逃されている宗教と信仰の対立があった。律令国家の掲げる仏教は戒律を重視する小乗的な性格を帯び、行基がめざしたのは大乗的な仏教だった。それはその通りだが、行基およびそれに従う集団は組織や典礼を伴わない、宗教というよりむしろ信仰集団と呼ぶべきものであったろう。

宗教と信仰はしばしば混同され、同一に論じられる場合が多いが、実は異なっている。時には激しく対立もする。同一宗教の中で対立・抗争が起きるのもそのためであり、形式よりは内面を重視する時、どの宗教にもある種の原理主義的傾向が生まれる。行基が結局はっきりとした処罰を受けなかったのは、当時の国家・政府が史上初めて直面した信仰集団の扱いにとまどい、なす術を失っていたからではなかったか。

日本史上、権力者が信仰集団への対応で弾圧とは別の、政治的対処の方法を会得するのは戦国末期、信長・秀吉・家康においてであろう。信仰と宗教は勿論重なり合うが、双方の極点では大きく相違する。極言すれば前者は心、後者は形式の問題だからである。政治も人の心に着目した時、権力と分かれてゆく。信仰・宗教の関係と同様である。信仰と宗教の違いを知った時、政治と権力の違いも分かってくる。晩年の信長はこのことをはっきりと理解していた(3)。

行基を罰するにせよ、あるいは一定の処遇をするにせよ、そのためには政権内部にある程度人間の信仰について理解できる人間がいなければならない。それがない限り、権力はいらだつのみとなる。

菩薩行の技術と労働

上述のように、行基とその信徒集団は律令国家の圧迫をくぐり抜けながらなお僧院や布施屋の設置、橋や船着場の建設、病院や困窮者の救済施設の創設などの社会活動を止めなかった。では、その全体像はどのようなものだったか。『行基年譜』には次の事業と場所が記されている。

架橋(摂津四、山城二)、直道(摂津・河内間一)、池(摂津六、河内一、和泉八)、溝(摂津三、河内一、和泉二)、樋(河内三)、船息(摂津一、和泉一)、堀(摂津三、河内一)、布施屋(摂津三、河内二、和泉二、山城二)。

この記録は行基の生存中に書かれた可能性もあり、実際の数はさらに多かったかもしれない。但し、その全てが行基とその集団による築造というわけではなく、既存の施設を修理・改修したものも含まれていた。後に空海の章で取り上げる狭山池の築堤も改修工事であった。それにしても、その事業の数と広がりは驚嘆すべきものである。

それでは、このような事業を可能とした技術と労働はどのようなものだったか。『続日本紀』で行基は「親《みづか》ら弟子等を率いて、諸の要害の処に於いて橋を造り陂《つつみ》を築く。聞見の及ぶ所、咸《ことごと》く来りて功を加え、不日にして成る」（天平勝宝元年二月二日、行基伝の条）としている。この記述は、彼が単に弟子たちの作業を指揮しただけでなく、自ら土木技術に習熟していたことを窺わせる。またそうでなければ、幾多の難事業を「不日にして成る」、たちまら完成させるようなことは出来なかったであろう。

それでは、労働力はどうか。行基とその弟子たちは菩薩行としてこれらの事業に従事していた。ここには信仰集団としての固い結びつきがあった。しかも困難で危険な作業を共にすることで、結束は一層強固になるばかりか、新たに作業に加わる人を増やしていった。『日本霊異記』には「行基大徳、難波の江を掘り開かしめて船津を造り、法を説き人を化す。道俗貴賤、集会りて法を聞く」（中巻）と記している。作業の傍ら、行基の説法を聞きに集まった人々は進んで工事に協力していったであろう。ここには信仰が事業を推進し、事業が信仰を強めると共に信仰集団を拡大してゆく一種の循環作用が見いだされる。行基の社会事業があれほど広汎・多彩なものとなった理由もこの点にあった。

小僧から大僧正へ

このような実績はやがて政府・権力者の側の認めるところとなり、ついには聖武天皇・光明皇后の熱い尊信の下に大僧正の位が授けられる。僧尼令の違反者として詔勅で名ざしで糾弾された立場から、国家最高の栄位を受ける立場への変化である。この過程を一言でいえば、小僧行基から大僧正行基へとなる。

行基の、このいわば華麗なる変身ともいうべき変化は当時も話題になったらしい。『日本霊異記』には、智光という僧侶が行基を妬み誹った話が載せられている（中巻第七）。これは戦後の行基研究にとっても主要な問題点となった。初期の権力の圧迫に抗しながら民衆の期待と信頼に包まれて活動した行基も、最後は転向して権力の側に身を投じたのではないかという議論である。いいかえれば、奈良時代の人物への転向論の適用だった。

このような研究動向は次のように要約されている。「行基を単に民衆教化や社会事業といった面からみる没政治史的認識は正しくなく、彼は自覚的に政府の仏教政策に対決してあらわれ、そして譲歩し、最後に政府に屈伏したのであって……最近では、国家の支配イデオロギーという観点から行基の宗教活動をとらえなおそうという問題提起がなされている(4)」と。

この行基転向論を前提として、その菩薩行にもさまざまな限定苻・疑問苻がつけられている。その一つは、彼の布施屋開設も豪族の支援なしにはできないものだという点。その二は、彼の集団に参加した優婆塞（僧形をした俗人）には租税逃れのために僧形になった者が少なくないという指摘。

その三は、後に述べるが、行基の池溝開発や灌漑設備の建設は三世一身《さんぜいっしん》の法を前提に私有地の拡大を計る豪族の利益と合致していたという説などである。

これらの説を一概に否定する必要はない。だからといってそれらが、行基や彼に従った民衆の菩薩行に懸けた情熱を否定する根拠にはならない。それにしても、先ずは転向論そのものについて革新と反動という近代の政治対立を古代にまで適用しようとする史観については、それが内包する問題点を指摘しておかなければならないであろう。

戦後の一時期に論壇を賑わせた転向論とは、資本主義社会において革命を志向する革新勢力と、それを弾圧する反動的権力との対立を軸に、主として戦前昭和の知識人たちの動向を論じたものである。いわゆる知識人の中で転向したと指摘された者の数は、一部の投獄されあるいは獄死した人を除いて、驚くほど多数に上っていた。転向とは左から右へ、革新から反動へ、戦争反対の立場から戦争の肯定へ、権力への抵抗から妥協・譲歩・変節・屈伏・翼賛への政治的意見の変化を意味するものとされた。社会的には、昭和八年に転向ブームといわれるほど大量の転向現象が現われている。

この転向論についての疑問を、かつて私は一論文で取り上げたことがあるので、ここに繰り返すことはしない。しかし一つだけ述べるとすれば、転向論は人間と人生における政治的意見の比重を過大に評価しているように思う。転向とは、ある社会の政治的温度が異常に加熱した状態で生まれる現象であり、転向論はその状況を前提として人の生き方を論断する議論である。

ある意味で、そこには無理からぬ理由もあった。昭和八年は、日独など資本主義後発国と、米英など資本主義先進国およびソビエトを中心とした社会主義諸国との対立が激化して、第二次大戦になだれ込もうとする直前の時期にあたっていた。また戦後、転向論が話題となった背景には米ソ冷戦という世界を二分するような体制間の対立があった。その中では政治がすべてであり、人間は党派的でなければ生きられないと決めつけるような風潮が力を持っていた。

別の文脈からいうと、転向とは古くからユダヤ・キリスト教につきまとう棄教・背教を最高の罪悪とみなす精神的系譜を引き、それを近代になって政治的次元にモディファイしたものである。したがってこのような概念を日本に適用した場合、二つの問題が生ずる。一つは、そもそも日本のような多神的風土に一神的概念を当てはめることが妥当なのだろうかという問題、および近代の政治的図式をどこまで歴史の中に持ち込むことができるかという疑問である。いわゆる転向論は、この二つの問いに答えていない。

近代の人文諸学も、研究当事者が自覚しないまま暗黙のうちに科学的な思考と論理に支配されていた。つまり一神的価値観が当然の前提となる。ここから生まれる最大の問題は人間の不在である。なぜなら、科学は対象とする人の個性や内面を考慮しない。仮に自然科学はそれで良いとしても、人文諸学にとっては致命的となる。こうして、近代の歴史学も、過去の人物の内面的な覚悟や志操、ゆとりや度量など人間的条件を実証できないという理由で排除してはやはり人間不在となる。とりわけ転向論は、生きた人間の誰もが抱く歓びや悲しみ、苦悩や煩悶を一つの政治的立場で裁断しようとするものだった。無償の、あるいは人が無償であろうと努めることで成り立つ菩薩行が忌避されたのもこのためである。

それにしても行基には、このような一時期の流行に基づいて政治的に下された論断を受けつけない具体性があった。その事蹟は民利と直結する諸事業として結実していたからである。

五　聖武天皇の求道と出会い

王を奴に、奴を王に

「王《おおきみ》を奴《やつこ》と成すとも、奴を王と云ふとも、汝《いまし》の為《せ》むまにまに……」。

この驚くべき一節は淳仁天皇の天平宝字八年(七六四)十月九日、前の天皇、孝謙上皇の詔に現われたものである。

その一カ月前、淳仁天皇の下で太師(太政大臣)だった恵美押勝(藤原仲麻呂)は孝謙上皇の寵愛を受けた道鏡と対立、ついに道鏡を除こうと反乱を起こして敗死した。孝謙は、この詔を淳仁とその母を庭の片隅に立たせて聞かせた。孝謙にとっては勝利宣言である。直ちに淳仁は天皇の位を奪われて淡路に流され、その地に没した。孝謙は再び即位(重祚)して称徳天皇となり、道鏡は大臣禅師から太政大臣禅師、さらに法王へと累進する。

孝謙は聖武天皇の娘で、父の後を継いで女帝となった。この詔の一節も、実は聖武の言葉を引用したものである。聖武はまた自らを「三宝の奴」と自称していた。

ここにいう「王」は天皇をさす。「奴」は奴隷のことではなく臣下一般をさしているが、ここでは道鏡のことである。「奴を王に」、その言葉通り称徳つまり孝謙は道鏡を天皇にしようとした。

この道鏡事件は、『大日本史』以来の皇国史観にとっては大問題だった。なにしろ、それを認めれば万世一系の皇統は成り立たなくなるからである。孝謙のこの企ては、和気清麻呂によって阻止された。清麻呂は、皇統の混乱を防いだ忠臣として歴史に大書される。他方、孝謙と道鏡の関係は後世の稗史《はいし》・俗伝の類では絶好の話題となった。江戸時代の川柳などには、この二人を扱った句が限りなくある。高貴な園における男女関係は、庶民の想像をかき立てるのに恰好の題材だったのである。

天皇の求道——「責めは予一人に在り」

天災に際して「責めは予一人に在り、兆庶（一般の人民）に関《あず》かるに非ず」。

天平六年（七三四）七月十二日、聖武天皇の詔である。天平九年八月、疫病の流行にあたっては「まことに朕が不徳に由りて、この災殃を致せり」と。聖武は在位中、この種の詔や勅をしばしば出している。天災、疫病、民心不安の時、等々である。また天平十七年九月十七日の勅では、罪人が多く出るのについて「朕、以為《おもんみ》るに治道失有りて、民多く罪に罹《かか》る」と自分の失政のためとみなしている。

これを儒教的な災異思想の現れと片づければ簡単だが、聖武の場合は形通りの決まり文句を繰り返していただけとは思われない。彼は自分の中に、あるべき天皇像を模索し続けていたのではないか。それが彼の求道だった。聖武天皇は、古代の天皇としては初めて自らの求道心を持って仏教に接した人ではなかったか。

このような求道心の発端は、祖母である元明天皇が退位する時、当時十五歳だった皇太子首《おびと》(後の聖武)に位を譲らず、娘の元正を天皇としたことである。その理由について、唯一の説明は彼が「年歯幼く稚くして未だ深宮をはなれず」、つまり幼稚で世間知らずということになっている。しかしこれは単に年齢のことだけでなく、聖武の人格、資質が天皇としてふさわしくないと祖母元明が公言したに等しいであろう(5)。

聖武自身も、多分、自分は祖母からそのような評価を受けても仕方がないと感じていたらしい。あるべき天皇像が自分でも摑めていなかったからである。彷徨と求道の天皇、つまり自分は天皇としてふさわしいかという疑念を抱きながら、あるべき天皇像を求め続けた天皇聖武の始まりである。

この問題を現代人として考える場合、注意すべき点が二つある。一つは天皇について、もう一つは年齢の問題である。

ここにいう天皇は、現代の象徴天皇とは違う。この時代の天皇は、なんといっても律令国家の頂点に立ち、しかも絶対的権力を持つ存在だった。現代人の思考パターンにはないが、災害が天子の責めに帰せられても仕方がない時代だった。

それでは、ますます元明が首皇太子を天皇とするには幼稚だという判断が妥当だったことになってしまう。ここでまた、十五歳の少年をどう見るかについて歴史と現代との巨大な落差に注目しなければならない。現代では、この年齢はまだ中学生、幼稚とも未熟ともいわざるをえない。しかし歴史上の諸時代、つまりここで扱っている古代から敗戦までの間、本人の自覚からも世間の見る目からいっても、十五歳前後の少年のイメージは現代と全く違っていた。

それを知識・経験・力量の問題としていえば、まさに幼稚、未熟であるに違いない。おそらく聖武にこたえたのは、年齢の点よりは「深宮をはなれず」といわれたこと、つまり俗にいえば、世間知らずの箱入り息子だとされたことにあったであろう。これを認めることはできない。反撥したのは気概の問題としてである。かつて十五歳前後とは、元服の年齢だった。この年になれば、天皇に限らず武士であれ庶民であれ、万一の場合、家業を継ぐ覚悟と気概は備えていなければならなかった。このことは聖武にも当てはまった。

あるべき天皇像――求める仏国土

聖武が元正天皇の禅譲を受け、即位したのはそれから九年後、二十四歳の時だった。しかしその後在位十数年の間、彼の治世は決して平坦ではなかった。むしろあらゆる天変地異、地震・旱魃・疫病など、それに朝廷の内紛・親族の不幸が頻々と続いた。

彼はこれらの災異を「朕が不徳」と受け止めようとしたが、それでは自分を有徳の君主とするより大きな支えはなにか。それが仏教であることは明らかだった。しかしその仏教が、奈良・平城京にあって彼を取り巻いている大寺院や高位の僧侶たちの仏教でないことも確かだった。聖武の場合、求める理想の天皇像と、あるべき仏教像とは二つにして一つのものだったと言ってよいであろう。

治世十六年後の天平十二年（七四〇）九月、九州で太宰少貳藤原広嗣の反乱が起こった。乱そのものはあっけなく鎮圧されたが、ここで聖武は意外な行動に出る。都、平城京を捨て、東国巡行の旅に出かけるのである。回遊は大和から伊賀・伊勢・美濃・近江・山城と続き、以後五年間平城京に戻ることはなかった。

その理由は様々にいわれている。実際の反乱は遠く九州の地に起こったのだが、都にも広嗣に呼応する勢力があるのではないかと恐れたこと、あるいは曾祖父天武が壬申の乱の際辿った道を追体験しようとしたこと、などである。

しかし一番の根本は、やはり聖武にとってあの二つにして一つの問いに対する答えを求めての旅ではなかったか。その答えは、都奈良に居る限り得られはしない。都に宗教はある。だが求めるものが信仰だとしたら、それは得られない。実は、立場は違うが道昭・行基らの僧侶が都の大寺院を出て民衆の間に菩薩行を展開したのも、似て非なる宗教と信仰との亀裂を痛切に実感していたからであろう。聖武にとっても、この旅立ちは彼なりに「道」を求める旅、求道の道行きであり、結果的には行基と出会うための旅だった。なぜなら、行基こそ聖武が求めるものを「人」の形で体現していたからである。

こうして聖武は巡行の後、今度は新しい都造りに熱中することになる。それも一つではない。彼はまず山城に恭仁《くに》京を、ついで近江に紫香楽《しがらき》宮を、さらには孝徳天皇の旧都難波《なにわ》へも都を移そうとした。聖武は、あるべき仏教の姿という捉えどころのない問いに土地を変えることで回答を見いだそうとした如くである。当然、それは不可能だった。恭仁・紫香楽・難波、三京の計画はいずれも実らなかった。

しかし恭仁京造営の企画は、彼に生涯最大の贈り物をもたらした。行基との出会いである。恭仁京は大和と山城の境を流れる木津川の北にあり、都造営のためにこの川への架橋は絶対に必要だった。それをなし遂げたのが行基とその弟子たちだった。おそらくこの事業が、二人の出会いのきっかけとなった。『行基年譜』によれば天平十三年三月、聖武は恭仁京に近い泉橋院に行基を訪ねて終日歓談、六月には木津川巡行の船に行基を招いて宴を催している。

聖武はついに求めるものに出会った。行基という「人」にである。それは自分が心から信頼し、尊敬できる人であり、さらに大きな夢をかき立ててくれる人であった。仏国土建設という夢である。それは奈良に大仏を創建し、諸国に国分寺を創設するという企画となり、その実現によって日本全土は聖武なりの仏国土となる筈のものだった。

一方行基も、民衆の間に立ち交じって橋を架け、池を築き、僧院を開くなどしながら、究極の目標は仏国土の実現にあったように思う。当然、天皇の考える仏国土と、民間に布施・乞食《こつじき》をしながらその果てに描かれる行基の仏国土とには甚だしい懸隔がある。ことによると、聖武は自分の夢が行基の求めるものと同じだと誤解したかもしれない。しかし多分、行基の器量をもってすれば、彼は聖武の夢を聞いてその違いを言い立てるようなことはしなかったであろう。笑って聖武の言葉を聞き、協力も誓ったであろう。それが若い求道者に対する導師の雅量である。少なくとも、聖武の求道心が純粋なものだとは感じていたであろう。二人の年齢差は三十四あった。行基は「小僧」の賤称から一転して大僧正の位を与えられ、ついには天皇・皇后に戒を授けるに至る。聖武は行基を師と仰いだのである。

両者のこのような親近が、現代においては転向として論じられた。だが、もし転向をいうなら行基が転向したのではない。国家が転向したのである。しかし行基は、このような栄位に動ずることもなかった。なすべき修行は変わらずに続く。行基の墓誌は書いている。「然りと雖も、在懐を以てせず、勤苦いよいよ励む」(『行基大僧正墓誌』)。

聖武も、二人の仏国土観の違いには薄々気づいていたと思われる。そうだとすれば、その距離を縮めるにはさらに聖武の方から近づかなければならない。

「知識」の発見と大仏創建

天平十二年(七四〇)二月七日、聖武は河内国の知識寺(現・大阪府柏原市)に参詣した。ここには、おそらく付近の土豪や住民が知識結《ゆい》を作って創建したと思われる大仏、盧舎那仏があった。知識寺は室町時代の戦乱によって廃寺となり、今、その境内は石《いわ》神社となって、わずかに花崗岩で造られた東塔の刹柱礎石一つが残って当時の面影を伝えている。この礎石の柱穴は直径が一二二センチあり、この柱から推測すると塔は五重塔で、高さは四八・八メートルの巨大なものだったとされている。本尊の大仏もそれに応じて壮大なものだったと思われる(「知識寺東塔刹柱礎石」柏原市教育委員会)。

聖武はこの大仏を拝んで感動し、同じような仏を「朕も造り奉らむと思へども……」と後の東大寺大仏の建立を思い立つ。しかし天皇として律令国家の機構と財力を動かし、巨大な仏像を造るだけでは行基との距離は埋まらない。知識寺大仏の意義は、それが寺名の通り知識結によって造られ

石神社

たことにあったからである。

当初、聖武は言葉としては知っていても、実感によって理解できなかったかもしれない。知識結とは、人々がそれぞれの能力・資財・技能を提供し、協力して仏像・仏閣を造る結合体を意味する。財力のある者は資金を、ない者は労力を、また建築・石造・冶金など固有の技術を持つ者はその技能によって参加すればよい。

ここにいう「知識」には、近代の知識人・知識階級などの言葉にまつわる特有のいやみ、くさみはない。この「知識」は、自利追求の知識ではなく利他業である。また「結」とは、田植え・収穫時などに近隣の人々が集まって共同作業をすることで、戦前までは日本の農村でも広く行なわれていた。

聖武も、最初は実感できなかったものを行基に会ってはじめてまざまざと理解したであろう。行基が行なってきたすべての事業が知識結であり、

知識寺東塔刹柱礎石

利他業であり、菩薩行だったからである。大仏は知識結によって創建されなければならない。重要なのは、天皇も百官も庶民も、一つの目的に力を合わせて協力できるかどうかである。こうして聖武は一歩行基に近づいた。

天平十五年（七四三）十月十五日、聖武は大仏造立の詔を発した。ここには先ず「菩薩の大願を発して」と述べ、ついで自分は天下の富と力を独占している。それを利用すれば、この事業をなし遂げるのは容易であろう。しかし、それでは「心至り難し」、心のこもったものにはならない。ではどうするか。「知識」を動員することである。一人一人が、各自の思いに照らして仏像造りに参加することである。

この詔で、聖武の思いを最もよく伝えているのは次のくだりである。

「更に人有りて一枝の草、一把の土を持ちて像を助け造らむと情《こころ》に願はば恣《ほしいまま》に聴くせ。国郡等の司、この事に因りて百姓を侵《をか》し擾《みだ》し、強ひて収め斂《あつ》めしむること莫《なか》れ。」

つまり地方の官吏にも権力的対応を戒め、庶民は「一枝の草、一把の土」、たとえどのようにささやかなものであっても喜んでその志を受け止めようという趣旨である。聖武はこの言葉通り、皇后光明子と共に自分も衣服の袖に土を入れて、大仏造営の場に運んだという。

こうして彼は、都を換えればあるべき仏教の姿も見えてくるのではないかというこれまでの幼稚な考えを捨てた。大仏は奈良・平城京に造られることとなった。

「知識」について

ここでは、行基とも空海とも関連するが「知識」についてまとめておこう。その意味は、われわれが理解する現代語の知識とはかなり違っている。

もともと仏教用語で知識とは友達を意味し、善知識とは良き友のこと、従って智あり徳ある人物を指している。さらに右の聖武の詔勅をみれば、人がそれぞれに自分の持つ能力・技芸・資材を自発的に提供することを「知識」とみなすことができる。

空海も、そのような趣旨を述べている。「勧進して仏塔を造り奉る知識の書」（『性霊集』巻第八）である。これは彼が金剛峯寺に塔を建てるに当たって、多くの人に支援を求めた文である。呼びかける相手は貴賎を問わない。

「伏して乞ふ。諸の檀越等、各一銭、一粒の物を添へて、斯の功徳を相済へ。然らば即ち営む所の事業、不日にして成らん。」

一銭の金、一粒の物。物がなければ、労力でもよい。その意味するところは「一枝の草、一把の土」と同一であろう。要点は自発的なことで、それはまた信仰に支えられた寄進である。

こうして「知識」とは、人が誰しも持っている信仰・労働・技術の諸能力を良き目的、つまり利他業のために提供することだと規定しておくことができる。実に行基・空海のさまざまな事業は、無数の民衆の「知識」を結集して実現したものだった。

六　行基がめざした仏国土への道

東大寺は天平勝宝四（七五二）年四月九日、大仏開眼供養を行なうに至った。聖武天皇五十二歳の時である。行基はその三年前に八十二歳の生涯を閉じていた。

「東大寺を造るに、人民苦辛」

この言葉は天平宝字元年（七五七）、かねて孝謙天皇の即位に反対だった右大弁・橘奈良麻呂とその一党が反乱を企てたが事前に発覚して逮捕され、尋問に答えた記録の中にある。奈良麻呂らは、既に太上天皇となっていた聖武が薨ずるのを待って宮廷クーデターを企図したのだった。

反乱の理由は「行政甚ダ無道多シ」、つまり政治は乱れて無道であり、その証拠に東大寺の造営で人民の苦辛は増し、この点は多くの官人も憂慮しているというものだった。尋問した勅使が、東大寺の造営は汝の父（橘諸兄）も推進したではないかと追求すると、奈良麻呂は言葉に窮し、罪に服したという（『続日本紀』天平宝字元年七月四日の条）。その後、反乱者一党の多数は拷問によって死し、奈良麻呂もその中の一人とされている。

しかし、「人民苦辛」という言葉は事実だった。大仏の鋳造、東大寺の造営だけでも多大の国費を用い、それに応じて人民の租税・労役の徴発も増大したからである。これらの建設事業は貧しい人々を圧迫すればこそ、日々の生活に直接利するものではなかった。

形成と解体の同時平行

そもそも律令国家は、形成過程と解体過程が同時平行的に進むこととなる。三世一身の法は養老七年（七二三）に制定された。この措置は、大化の改新から数えて七十七年後のこと、律令体制が完成したといわれる大宝律令の制定（七〇一）からは僅か二十二年後のことだった。

これは前年の百万町歩開墾計画を享けたもので、新しく池や溝、つまり灌漑施設を造った者には三世にわたって開拓地の私有を許し、古い施設を修理した者には一代限りの私有を認めるというものである。この法の背後には当時の人口増加・班田収受法の煩雑さ・重税や凶作に由来する農村の荒廃などさまざまな理由があった。だが荒廃地を立て直し、新田を開発するには民間の開拓意欲に依存せざるをえないという期待もあった。

しかしそれは大化の改新の詔（六四六）で確定された土地の国有、つまり公地公民という律令制大原則の改変だった。一旦、国家自らが私有地を認めた以上、その後さまざまな曲折があるとはいえ、平安から中世にかけて荘園の増殖を招き、律令体制が有名無実になってゆく過程に道を開いたものだといえる。

近年の行基研究では、行基の池溝開発と三世一身の法の関係が特に重視されている。あらかじめ行基が地方豪族と結んで展開していた灌漑施設の建設事業に耕地拡大をめざす政府が着目してこの法を出したのか、逆に行基がこの法によって合法性を得て宗教活動を拡大するきっかけとしたのか、研究の諸説は分かれるが、それが地方豪族の私有地拡大の欲求に合致していた点は否定されていない。

しかし三世一身の法は、私有地を認めるといっても文字通り三代の制限つきだった。それが後に有名無実化して、半永久的な私有地化することとは別問題であり、有力者の私的欲望を無条件に承認したものとはいえない。行基やその弟子たちが、その時代情況の中で遙かに思い描いていたのは未来に到達すべき「仏国土」の様であり、その道を歩んでいるという自負、あるいは歓びの類であったであろう。これは、ある意味では特定の時代を超えた希望であり、夢だったということができる。

『華厳経』には「三世成仏」という考え方がある。三世とは過去・現在・未来を指す。過去の見聞生は毘盧舎那仏を見て善行を積むこと、現在の解行生は円満な行を修すること、未来の証入生は来世に成仏すること、とされている（凝然『八宗綱要』）。

これは私の臆断に過ぎないが、治水事業などは当座の利益のみならず過去・先人たちの労苦を受け継ぎ、未来・子々孫々にまで恩恵が及ぶ、まさに三世を見通した工事であろう。その功徳は三世成仏と呼ぶにふさわしいのではないか。ことによると行基とその弟子たちは、経典が示すこのような文言を想起しながら、実際には命を落とす危険もあった当面の難事業に立ち向かっていったのかもしれない。このようなことは実証できないから、当然否定論は成り立つ。しかし、治水事業は有力者だけに利益をもたらすものではない。例えば洪水の予防は、貧富を問わず地域住民に恩恵をもたらすであろう。

この一事からも、人々が自発的に菩薩行に献身したであろうと推測することはできる。たまたま行基は、そのような多くの人の夢を束ねることのできる「人」だった。行基の名が、彼の活動した時代と空間を超えて広く、長く崇仰の的となるのもこのためだった。

「知識」への期待と執念

ところで聖武も、あらかじめ奈良麻呂が唱えたような事態がありうることを予期していたようである。だからこそ、彼は真剣に知識による大仏建立を追求した。また、それによって出来るという確信もあった。河内柏原の知識寺大仏が「知識」によって造られたのを見ていたからである。

大仏鋳造の技術面では、百済からの渡来人の孫にあたる国君麻呂《くにのきみまろ》が担当した。『続日本紀』では「当時の鋳工、敢へて手を加ふる者なし。君麻呂、すこぶる巧思有り。竟にその功を成す」（宝亀五年十月三日条）と記している。「巧思」とは練達した技能と優れた構想力の兼備を想わせる言葉である。

大仏の鋳造が終わると、それを覆う大仏殿の建築がはじまった。この工事に当たった労働力は次のように記されている。

材木知識	五万千五百九十人
役　夫	百六十六万五千七十一人
金知識	三十七万二千七十五人
役　夫	五十一万四千九百二人

材木および金知識はいわゆる「知識」として自ら労働奉仕を行なった人々、役夫は地方から動員された公民百姓で、彼らには賃金・食料が与えられたと思われる。この分野だけでも、いかに厖大な資材・人員が投入されたかが分かる。(6)

知識の参加があるとはいえ、それ以外の経費も莫大なものがあった。おそらく、行基の懸念もその点にあった。行基は聖武から大仏建立のための勧進を要請されたが、その活動状況は明らかでない。だが私は、行基が勧進を積極的には行なわなかったであろうと思う。

一つには彼がすでに高齢に達していたからだが、主たる理由は民衆の生活実態をよりよく知っていたからである。聖武と行基は「知識」重視の点でかなり接近し、究極の仏国土建設の夢では重なり合う所もあったとはいえ、それに至る道筋は異なっていた。行基はあくまでも民衆のレベルに立って、その意味では下からの道を求めていたのである。行基の「道」と聖武の道とは、重なり合いながら異なっている。

律令国家の道

最近は航空写真を使って、古代道路の遺構が写し出される。土に埋もれていても、その痕跡が判別できる場合もある。それによると古代・律令国家が計画し、造成した官道は現代人が想像する以上に壮大なものだったらしい。

一つの特徴はまっすぐなことで、時には一〇キロ以上の直線道路がある。次にはその幅が極めて広いことで、宮都周辺で二四〜四二メートル、前期駅路で十二メートル前後はあるという。現代の高速道路に換算すると、首都周辺で八車線、全国的には四車線となる。今の日本でも片側四車線の道路はほとんどないだろうから、古代における国家建設の計画がいかに壮大なものだったかが分かる。しかもこれらの道路は、両側に幅二メートル前後の側溝を備えており、全体の幅員はさらに広がる。

畿内における道路整備は当然のことながら、武蔵国、現在の東京都国分寺市と府中市の間には約三・五キロにわたって幅十二メートルの道路遺構が発見されている。府中と国分寺は、律令国家では武蔵国の中心部だった。各道路には律令で規定された駅制によって三〇里（約一六キロ）ごとに駅家が設けられ駅長が任命されていた。また伝馬制に則り大路には二〇匹、中路一〇匹、小路五匹の駅馬が置かれていた。(7)

だがこの道路計画には単に公共工事、土木計画という以上に、当時の人々の新しい国家建設に懸ける意気ごみ・理念・理想の如きものが感じられるのではないか。現代の道路行政と対比すれば、一層その感を強くする。

聖武が描いた仏国土とは、遍照光明と呼ばれる東大寺大仏・盧舎那仏の功徳によって光被し、国土の荘厳をもたらそうとしたものだったであろう。諸国に国分寺を設けたのもこの為であった。律令国家の道路は、それに対応する物理的施設であった。

もしそうであるなら、なおさら行路に倒れている飢者・病人などを放置すべきではない。それでは、文字通り〝仏造って魂入れず〟の諺通りになってしまう。行基の事業はこうして始まった。それは律令国家の道と、仏国土への「道」との阻隔を縮めようとするものであった。その間隙を埋めるものこそが「知識」だった。

仏国土への行基の「道」

行基の諸事業、つまり病者・困窮者を救い、橋を架け、池溝を開発して洪水を予防し、灌漑用水を確保することは民生を向上させ、そのことが布教・伝道の一助になるという目的もあったであろう。難しい経典を講釈し、ありふれた説教をするより、具体的な事業を通じて仏法の精神を体認・体得する方が遙かに有効な布教活動になることを確信していたに違いない。それこそ彼が若年の頃、大寺院を飛び出して新たな「道」を求めた理由であった。彼は自らの持つ技術と、人々の労働とを菩薩行において結びつけていた。行基の狭山池その他の灌漑・治水事業については、空海の満濃池の築堤事業の章で取り上げることとする。

しかし技術は、仮にそれがいかに新技術であり先端的であったにしても、良質の労働に支えられない限り有効なものとはならない。良質な労働とは自発的で、働くことに歓びを見いだし、他者との心からなる共働ができる人のことである。つまり労働とは人間のことに他ならない。逆にいえば、技術の頽廃は労働と切り離された時に起こる。

行基とその弟子たちの事業は、橘諸兄が沢田川への架橋作業を見て驚嘆したように、労働の質において卓越していた(8)。菩薩行・布施行・福田行として行なわれていたからである。そこには導師行基に対する尊崇があった。先ずは「人」に対する信頼があり、その後に仏法への信仰がくる。

従って、いつの時代にも労働と技術が意味を持つのは次の二つの条件を充たした場合である。一つは、それが出来るだけ多くの人の生活に利便と幸福をもたらす場合。もう一つは、それが未来の大きな希望の実現に繋がると思われる時である。言いかえれば、一方は日常の実利。他方は高遠な理想。人の労働と技術は、この二つを同時に充たす時、人間のあり方、人生の意味と繋がってくる。

人が「知識」として奉仕活動を行なう場合、目前の生活安定だけで満足したのだろうか。そうではあるまい。暗黙の内に、自分たちの労働がより高く、より大きな理想と繋がっていることを求めていたであろう。もし国土の到るところ治水施設が完備して洪水の懸念を免れ、灌漑用水が確保されて豊かな生産が期待される時、それは仏国土へ向かっての一歩を踏み出したことになる。

行基は、このように現実から理想への道筋を見つめていた人であった。このことが天皇から無数の民衆まで、多くの人の心を魅了し、随順させていったのである。

〔補論1〕「海行かば」――大仏開眼と黄金産出

天平二十一年（七四九）二月、陸奥の国に黄金が産出し朝廷に献上された。それまで日本に金は産出しないと考えられていたから、この頃東大寺大仏を創建中だった聖武天皇は大いに喜び、四月一日、建設途上の大仏の前に皇后・皇太子以下百官を集め一般人民の参列も許し、宣命を発して祝意を表した。元号も天平感宝と改めた。大仏開眼供養が行なわれる天平勝宝四年（七五二）の三年前である。

宣命とは、詔勅が漢文で書かれたのに対して国文で書かれ、宣命使が読みあげる勅命のことである。この時は、先ず左大臣橘諸兄が黄金の産出は盧舎那仏の恵みにほかならないという天皇の感謝の意を述べ、次いで中務卿石上乙麻呂が過去から現在まで、天皇を助けてこの大事業を扶翼してきた人々の功績を讃えた。その中には太古以来の大伴氏の忠誠を讃える文言があり、大伴一族が伝えてきた誓歌「海行かば水漬く屍、山行かば草むす屍、大君の辺《へ》にこそ死なめ、長閑《のど》には死なじ」が引用されていた（『続日本紀』天平勝宝元年四月一日条）。

当時、越中の国守だった家持にもこの報せは届けられた。彼は直ちに「陸奥国より金を出せる詔書を賀ぐ歌一首竝に短歌」（『万葉集』巻十八）を作ってその感激を歌った。長歌は百七句からなる長大なもので、前半は黄金の産出を祝ぐもの、後半は大伴氏の伝統を讃え改めて忠誠を誓った部分で、そこにも「海行かば」の句がある。

大伴の　遠つ神祖《かむおや》の　その名をば　大来目主《おおくめぬし》と　負《お》ひ持ちて　仕へし官《つかさ》　海行かば　水漬《みづ》く屍
山行かば　草生《む》す屍　大君の　辺《へ》にこそ死なめ　顧みはせじと言立《ことだ》て　丈夫《ますらを》の　清きその名を
いにしへよ　今の現《をつづ》に　流さへる　祖《おや》の子どもぞ　大伴と　佐伯の氏は　人の祖の　立つる言立
人の子は　祖の名絶たず　大君に　奉仕《まつろ》ふものと　言ひ継げる　言《こと》の職《つかさ》ぞ……

この長歌には「天皇《すめろき》の御代栄えむと東《あづま》なるみちのく山に黄金《くがね》花咲く」など三首の短歌が添えられている。

近代になって『海行かば』の一節は作曲され、曲も歌詞も異なった二つの歌曲ができた。一つは宣命に出た「長閑には死なじ」とするもので、明治十三年（一八八〇）東儀季芳作曲のもの。因みに、この年には『君が代』も作曲されており、明治国家が儀典用の歌曲の整備に力を入れていた時期である。この『海行かば』は海軍将官礼式用のものであった。もう一つは昭和十二年、信時潔作曲の「顧みはせじ」で戦時下には戦死者への葬送曲としてしきりに使われたから、一般にはこの方が知られている。この歌詞の違いは、大伴家持が天皇の詔をうけてより高揚した感慨を込めたものと思われる。旧海軍では、総員が整列して歌う公式の場では前者を、仲間内の時には後者の方を歌っていた記憶がある。

この「辺にこそ死なめ」の箇所には、西郷信綱氏の卓越した指摘がある。それは大君のために死のうという「忠誠の理念」を表現したものではない。「辺にこそ死なめ」（おそばで死のう）は、「かつて王がみずから兵とともに山河を跋渉する戦士でもあったことと切り離せない表現なのである」と。(1)この指摘は私にとって衝撃的であり、さまざまな感慨を抱くが、ここでは全くの別テーマとなるので言及は避ける。

ただ注意しなければならないのは、「海行かば」の歌詞も本来は黄金の産出を喜ぶ祝祭歌の一部として引用されていた。また家持が歴史に名を残すのも「剣大刀」の武功によってではなく、歌人として、『万葉集』撰者としてであった。それから考えると、あの歌の最後の一節には歌人家持のセンスが込められているように思える。宣命に出た古歌の「長閑には死なじ」ではどうにもならない。「顧みはせじ」なら死をもためらわないという意味と共に、喜びを共にして生きるという両義性を忍びこませることができる。それによって、この歌本来の祝祭歌としての性格は維持されていた。

だから千二百年後に、その歌詞が現実のものとして展開することには家持自身が最も驚いたであろう。日中・太平洋戦争において、日本軍将兵は広大な太平洋に水漬く屍となって沈み、広漠たるアジア各地に草むす屍を晒した。信時潔の『海行かば』は確かに荘重、悲愴な名曲というべきだが、それは大いなる歓びを歌った原歌が予想もしなかった葬送曲、それも日本自体の葬送曲を奏でてしまったというべきであろう。

このことは六十年も昔の回想には止まらない。その傷痕は今なお心にうずく。数年前の「朝日歌壇」に一首の和歌が載っていた。「ここに生きいずこの海に水漬くらん　谷間の里に兵曹の墓」（一九九四年一月二十日、朝日新聞）。「いずこの海に水漬くらん」、この墓を見て作者が「海行かば」を思い出していることは確実である。この山深い村を出た一人の兵士は、思いもよらぬ大洋の直中に沈み、再び故郷に戻ることはなかった。兵曹とは海軍の下士官である。「谷間の里」と果てしない海洋のイメージのコントラストがこの歌を鮮烈なものとしている。(2)

そうして「海行かば」の曲は上述のような曲折を経て、われわれを東大寺・大仏にまで誘う。それは単に歴史遺産として存在しているのではない。今、多くの人が東大寺を訪れ大仏を仰ぎ見ているが、物言わぬ大仏にも創建から今日まで日本人が辿った悲喜・哀歓の諸相が込められているのである。

因みに、大仏の開眼供養が行なわれたのは天平勝宝四年（七五二）四月九日で、金メッキが始められたのはその僅か一月足らず前の三月十四日からだった。従って、この時まだ大仏は完成しておらず、鍍金もほんの一部で、光背が完成するのは実に二〇年近く後のことだった。このように開眼供養が急がれたのは、一つには聖武の健康がすぐれなかったこと、またこの年は日本に仏教が渡来して二百年目に当たり、さらに釈迦滅後二千年の末法に入る年と思われていたことによるとされている。

大仏への鍍金は後に述べるように、水銀に金を溶かした金アマルガム法で行なわれた。ここに使われた金にどれだけ国産のものがあったかは不明だが、その使用量は四八七〇両（約六〇キロ）、アマルガムは三六〇キロに達したといわれている（〔補論3〕参照）。

〔補論2〕「全人」たちが存在した時代

時代と社会の気運が上向き、前向きになった時、人間の歴史はたまたま「全人」と呼ばれる人々を輩出することがある。「全人」とは多面的な才能・資質を持った人のことで、常識的には全く異質の分野、たとえばかつては文武両道といわれた文と武、近代になれば文と理、芸術と科学を一つの人格の中に兼ね備えたような人のことである。ヨーロッパでは十五・六世紀のレオナルド・ダ・ヴィンチ、十八・九世紀ドイツのゲーテの如き人がそれに当たる。

どうして、どのような事情でこのような人が現われるのか？ それを合理的に説きあかすことはできない。ダ・ヴィンチやゲーテの生きた社会が、豊かで幸福な時代だったとは到底いえない。それだからこそ気運という言葉を使ったのだが、彼らの時代が現実の困窮・混乱の底に、自由で、前向きな空気が流れていたことも事実であろう。

それだからこそ歴史の上では、前者の時代をルネッサンスと、若きゲーテが過ごした十八世紀後半の一時期を〝疾風・怒濤〟(Sturm und Drung) の時代と呼んでいる。時代の雰囲気・気運の如きものを伝える言葉だと思う。「全人」とは、目に見えぬそのような雰囲気を象徴する人物である。

時代と気運

あをによし寧楽《なら》の京師《みやこ》は咲く花のにほふがごとく今さかりなり　　小野　老《おゆ》

御民《みたみ》吾生ける験《しるし》あり天地の栄ゆる時にあへらく思へば　　海犬養宿禰岡麻呂《あまの》

どちらも、奈良時代に編纂された『万葉集』の和歌。前者は奈良の都の繁栄をよどみなく、伸び伸びと歌いあげている。後者は戦時中にもてはやされた歌として、ほんの十年前だったら引用するのもためらわれたであろう。

しかしそれでは、現代の日本人がかくも率直に今の東京を咲く花の匂うが如くと讃えることができるだろうか。現代を心の底から生けるしるしありと感じているだろうか。むしろ多くの人が、たとえ物や金に不自由はなくとも、まさに生けるしるしの得がたさ、感じ難さに惑い、苦しんでいるのではないだろうか。

多少とも戦後に書かれた歴史書を見れば、奈良時代が貴族・大寺院など特権層の驕奢、農民をはじめとする民衆の困窮、疫病の流行、飢饉や災害の頻発、内乱と対外関係の緊張など、到底手放しに謳歌できるような現実ではなかったことが分かる。『万葉集』はこれらの歌と同時に、大伴家持の「馴著きにし奈良の都の荒れゆけば出で立つごとに嘆きしまさる」のように時の移ろいと共に荒廃してゆく都の様を嘆き、山上憶良の「貧窮問答」のように「かくばかり　術無きものか　世間の道」という痛切な生活苦の歌も載せているのである。

それでは先の二つの歌の作者たちは、このような現実を見ないで生きられた途方もない特権層に属していたのだろうか。あるいは、それを薄々は知りながら、心にもないことを流麗な和歌に纏めることで満足していたのであろうか。

私は、そのどちらでもないように思う。前の二つの歌のそれぞれの作者は、確かに奈良の都を美しいと感じ、自分の人生に生けるしるしありと思える瞬間は持っていたのではないか。それはある時にたまたまとらわれた束の間の感慨だったかもしれない。それでも、その心情をためらうことなく歌にした時、このような作品が流れ出たのではないのか。

だから、作者たちにこのような歌を作らせたのには、単に個人の資質や境遇に帰する以上の大きな時代の底流があったように思われる。それは様々な矛盾を抱えながら、同時に日本で最初の新しい国づくりに懸けた前向きの気運の如きものだったといえるのではないか。ただ、それ自体を証明することはできない。

しかし逆証はある。仮に、われわれが今の東京の繁栄を讃えようとする時、あるいは自分の生活や人生に感得する「生けるしるし」を誇示しようとする時、かくも率直にその気持ちを表現することは難しいだろう。率直でありうることこそ詩歌の権能である。われわれは個人的な例外はあろうが、多くの人にとっては今この国を覆っている時代の底流に上向き、前向きの気運を感ずることができないからである。

日本古代の「全人」たち

この証明し難い時代の気運を象徴するのが、「全人」的人物の輩出である。奈良から平安初期にかけてがそうであった。今、ここに取り上げているのは行基と空海だが、彼らは卓越した宗教家であると共に優れたエンジニアでもあった。行基の先人には、前述のように唐に留学した道昭や道慈などの僧侶がいた。この二人も宗教と技術、先の言葉を使えば文理両全の人物だった。彼らは「人心の救済と国家建設のため、いわば〝万能〟の働きを要請されていた」、「禁欲的な修行者として人々の尊敬を集めるだけでなく、場合によっては、建築家としても政治家としても活躍することを期待されていた(1)」。

さらにつけ加えれば、「全人」とは情理両全の人のことでもある。彼らは仏教の教理を深く体しながら、衆生救済の情熱に燃えていた。このことが逆に無量の大衆の尊崇と献身を集め、その力を「知識」として結集できた所以であろう。「情理」――それは科学・技術、さらには法律や社会・経済もそれに則って構成されている近代合理主義に基づく「論理」一元論とは異なっている。かつての「知識」が信仰・労働・技術の結合だったとしたら、近代の知識からは明白に信仰が排除されている。こうして「情理」は、歴史上の全人たちが示した文明の筋道だったと共に、所々に近代のゆきづまりを露呈し始めた現代にあって、新しい時代の方向を暗示するものともなるのではないか(2)。

千二百年も昔、彼らは時代の上昇的な気流の中で生まれ、その期待に応えることのできた人たちだった。あるいは、そのような気運を作り出した人たちだったといえるかもしれない。しかも人格・徳性においても卓越しており、万能というよりは全人、全き人に近い人物だったのではないか。さらに行基は道昭・道慈の後輩にあたるが、彼が前二者と異なる点は唐への留学経験のないことである。それは全人的存在が、ようやくこの国に自生する条件ができたことを示すのかもしれない。

人間の歴史は、支配者の権力や財力によってのみ築かれるものではない。逆に、弱者・貧者の苦難と抑圧への闘争によってのみ織りなされるものでもない。その中には一筋、抽象的な観念としてではなく、人間の形をした理想の追求によって創られる面があるとすれば、全人的存在の出現はそれを象徴して一時代の性格を物語る側面を持つであろう。

この点を認めることは、間違いなくわれわれの抱く歴史像を豊かにする。それだけではない。この認識は、今まさにわれわれの生きる現代にもはね返って、その問題点を浮かびあがらせることにもなる。現代に向けられる問いとはこうである。なぜわれわれは〝人間の形をした理想〟を持ちえないのか？　と。

現代が専門化の時代であることを忘れたり、無視している訳ではない。しかしその趨勢に自分のすべてを委ねることは、かえって世界や人生に対する視野を狭めてしまうことになるであろう。科学や技術も、もしそれだけなら余りにも非情なものになってしまう。だからこそ逆に情と理を兼ね備えた「全人」への憧憬は、現代人にとって多分かなえられない夢の一つとして残る。

他方、歴史の中にそのような人物を見いだしてゆくことは、われわれにとっても限りない歓びと安堵の念を与えてくれるだろう。この小論は、かつてこの国にも全人と呼びうる人がいたことの証しを留めようとしたものである。

第III編　空海　民衆と共に

はじめに

空と海！　なんと雄大な名前であろう。しかもこの名は単に人と他人と区別するだけの符牒ではない。弘法大師空海の生涯と思想と全事績は、この名の通り空と海の二元的に構成されている。

第一章　空と海の曼陀羅

一　大滝嶽と室戸岬——修行の二元的構成

修行時代の起点

空海は奈良時代の宝亀五年（七七四）、四国讃岐の多度郡に生まれた。現在の善通寺市付近である。先に述べた東大寺大仏開眼の年（七五二）からおよそ二〇年後になる。幼名を真魚《まお》、父はこの地の上級官吏佐伯氏、母は阿刀氏の出である。

真魚は十五歳の時から母方の伯父阿刀大足《あとのおおたり》について勉学に励んだが、十八歳で都に出て大学に入り、儒学を中心に修学した。大足は京都に都を開いた桓武天皇の子、伊予親王の侍講をしたこともあり、都でも有力者だった。

しかしこの頃の大学とは専ら高級官僚の養成機関だった。入学生も貴族や正五位以上の高位役職者の子弟で、概《おおむ》ね無気力で怠惰。圧倒的な才知と探究心に燃える真魚の求めるものとは甚だしく違っていた。間もなく彼は世間の栄達を計る大学を捨て、俗世を離れた山林修行の道に入る。彼が僧名空海を名乗ったのが何時ごろかは確定しがたいが、この空と海の名は彼が最初に仏道修行に就いた二つの地となんらかの関係があると思う。その著『三教指帰《さんごうしいき》』の序文では、ある僧から密教的な虚空蔵求聞持法《こくうぞうぐもんじほう》という修行法を教えられ、早速四国に渡って修行を始めた。

「阿国(現・徳島県)大滝嶽にのぼりよじ、土州(現・高知県)室戸岬に勤念す。谷、響きを惜しまず、明星来影す。」

深夜、満天の星を仰ぐ山頂に一人座禅を続ければ、正に大空と一体化した自己を体得できるのではないか。空海の「空」である。次の室戸岬は太平洋に突き出た四国の最南端。広大な大海の怒濤を前に、「海」をわが内に取り込む仏道修行の最適地である。その海は、やがて渡航することになる唐土にも通じている。

この修行中、明星が自分の中に飛び込んだという感触も誇張とはいえない。正に「空」と「海」の合体である。空海の名はこうして生まれた。その名は修行の最初から、生涯を通じての思想と諸事蹟をみごとに象徴していた。

空海には誰それの生まれ変わりという伝説は多数あるが、その中の一つに中国に密教を定着させた不空の生まれ変わりというものもある。空が共通している点は、この伝説を生んだ一つの理由であろう。

不空は西域の人。幼時、唐の都長安に移り金剛智について出家し、後、インドに赴き密教経典を招来して翻訳し、玄宗以下唐の歴代皇帝の尊崇を受けた。真言宗の系譜でいえば不空は付法（法門の伝承）の第六祖、唐において空海に両部曼陀羅を授けた第七祖恵果の師に当たる。つまり空海にとっては師の師が不空である。

しかし空海が不空の生まれ変わりという伝説は、不空がインドから密教経典を中国にもたらしたことと、空海が中国から日本に密教を請来したこととの相似性にも負っていよう。さらに不空は、玄宗皇帝の時に起こった安祿山の反乱に皇帝を助けて功があったという。それが大同四年（八〇九）、嵯峨天皇の代に生じた薬子の変で空海が「仁王経」（正式には仁王《にんのう》護《ご》国《こく》般若《はんにゃ》波羅蜜多《はらみた》経《きょう》）を修して反乱の鎮定を祈って功があったことと対比された。この類似性も、人々に不空と空海の関連を想像させる種となった。以後、嵯峨天皇は空海の手厚いパトロンとなる。

胎蔵界曼陀羅と金剛界曼陀羅

胎蔵界曼陀羅と金剛界曼陀羅は両部曼陀羅と呼ばれ、真言密教の二元的構成を図示している。大宇宙は「空」と「海」の織りなす壮大な曼陀羅だともいえる。この両部曼陀羅は空海によって初めて導入された日本独自の考え方だという。

言葉としての曼陀羅はサンスクリット語の“maṇḍala”を音写したもので、円とか輪、あるいは境界線、集合体の意味である。その曼陀羅を絵画化したのは、仏道の修行者が瞑想の内に仏を観想するための観仏法に基づき、言葉では表現できない大宇宙の秘密を図示したものであり、修行者が

「宇宙を人間の身体で受け止め、宇宙を内部に取りこむ」ことを目的としていた(1)。

真言宗では本堂の中心に大日如来を据え、東側に胎蔵界曼陀羅、西側に金剛界曼陀羅を掲げる。両者はさまざまに対照される。伝統的な教義では前者を「理」、後者を「智」に配している。また胎蔵とは、母親が胎児をいつくしむように衆生の苦しみを救う仏の大悲を現わすとされる。ここから、それを母性原理・女性的なもの・さらには極大の世界・マクロコスモスと見なす考え方もある。これに対して金剛界の金剛とはダイヤモンドのことで、その名の通り堅固な悟りを象徴し、主体的・男性的で、極小のミクロコスモスを現わすとされる。

胎蔵界曼陀羅では中央部に大日如来を配し、それを囲んで四仏・四菩薩が置かれる。曼陀羅の四隅には普賢・文殊・観音・弥勒の菩薩たちが配置されている。全体に配置された仏・菩薩・明王・天部諸尊の合計は、原則として四〇九尊となる。その構成は、中心の大日如来からの光があたかも世界に広がるかのように上下・左右・四隅に向かう放射状になっている。

金剛界曼陀羅は方形の図面を九つに均等分割し、最上部中央の方形には大日如来がある。その下段、つまり九方形全体の中心は成身会と呼ばれ、大日を囲んで阿閦《あしゆく》・宝生《ほうしよう》・阿弥陀・不空成就の四如来が位置している。全体の構造は「の」の字型の渦巻き状である。九方形の右下から外縁の八方形を反時計回りに巡り、求心的に中心の成身会に至る道筋は向上門、凡夫が悟りに向かう道程である。反対にこの成身会から出て、遠心的に「の」の字を時計回りに右下の方形に達する道は向下門と言い、悟りを開いた菩薩が衆生救済のため俗世に戻る道筋。両者を合わせて菩薩行を表現している。

この曼陀羅図は極めて幾何学的であり、宗教画としては抽象的で、仏教やキリスト教の宗教画が持つ物語性はない。色彩も白・黒・黄・赤・青の原色を使っている。この色もそれぞれ五智に配され、白は大日如来、黒は阿閦如来、宝生如来は黄、阿弥陀は赤、不空成就如来は青と決まっている。空海が唐から持ちかえった両部曼陀羅は現存していない。但し、それを初代として京都の東寺では百年から四百年周期で新写され、現在のものは第五代である。われわれが展覧会などで眼にする現図曼陀羅もほとんどが数百年を経過しているもので、色彩はかなり褪色して原色の趣はかすれている。そのことが、われわれの眼にはかえって陰影に富んだ日本的なものに映る。

このことは何を意味しているのだろうか？　われわれ日本人にとって、原色・幾何学的・抽象的な本来の曼陀羅に仏の世界を観想することはかなり困難である。

多分、これはもともと曼陀羅を生んだインドを始め、経由したチベット・中国などの自然・風土と、日本の環境との違いに起因しているであろう。みはるかす平地に、満目荒涼たる自然の中で整然たる幾何学模様に原色の仏たちを配した曼陀羅図は、先ず人の眼を奪う迫力があり、現世と異なる仏の世界を印象づけるのかもしれない。しかし本来が起伏にとみ、木々の緑・多くの花々に囲まれ、野山に鳥獣魚虫の生命に溢れた日本の自然の中で、人はかえって自然のたたずまいにこそ神性・仏性を感ずることができる。一般に日本人は抽象的に神とは、仏とは何かを追求しようとはしない。むしろ、ありのままの自然にさえ浄土を観ずることができる。事実、日本では密教が山岳信仰と習合して、自然界をそのままに吉野を金剛界、熊野を胎蔵界とみなす説も生まれた。

先に空海は、対立するものを統合する「合」の立場として捉えたが、ここでも彼は胎蔵・金剛の両曼陀羅を統合して把握する信仰の確立に努めただけでなく、原色に溢れた曼陀羅と日本的風土との統合をも目指していたのである。

二　高野山・金剛峯寺と京都・東寺

このことは空海の宗教活動の二つの拠点にも反映していた。もともと空海の宗教は二つの側面を持っていた。山岳信仰と都市型信仰の側面である。高野山の金剛峯寺は前者、その名の通り金剛界曼陀羅の地。京都・東寺は後者、胎蔵界曼陀羅とみなされ、共に真言宗の二大聖地である。この両面を統合し、合一しているのが弘法大師・空海の人格であり、真言密教だった。

金剛峯寺の開設

空海は弘仁七年（八一六）六月十九日、嵯峨天皇に「紀伊国伊都郡高野の峯に入定の処を請け乞はせらるる表」（『性霊集』巻第九）を奉り、高野山に寺院建立の用地下賜を請うた。七月八日には認可されている。空海四十三歳の時だった。(2)

しかしこれとは別に、空海がこの地に金剛峯寺を創建するについてはいくつかの伝説的な説話が伝わっている。一つはその十年前、彼が唐にあって帰国を控えた時、自分が修行する地を求めて持っていた三鈷杵《さんこしょ》（密教法具の一つ）を日本に向けて投げたところ、高野の地に落ちていたというものである。もう一つは弘仁七年に大和国宇智郡でその三鈷杵の行方を知っている一人の猟師に会い、高野山中の場所に案内されるという噺である。この二つは合して、平安後期の書『今昔物語』の「弘法大師、始めて高野山を建てたる話」（第十一巻、二十五話）に述べられている。

この猟師は土地の地主神、狩場明神（高野明神）だった。また三鈷杵のあった場所の地主神が丹《に》生《う》明神である。空海はこの二神の協力によって高野山を開いたとされている。現に高野山には、この二神を祀る神社がある。

では、このことは何を意味しているのか。一つは、仏主神従の形での神仏習合である。在地の、日本固有の神々は海外から新来した仏、あるいはそれを体現する空海に自らの土地を捧げて服従する。その代わり、仏の下での地位は保証されることになる。平安時代には伊勢神宮でさえ「罪」深い場所とみなされていたことは前述した。後には内外宮を金胎両部に見立てる信仰さえ現われた。神道への密教思想の浸透である。

また鎌倉時代には二匹の犬を連れた筋骨逞しい『狩場明神像』と、宮廷装束の女性姿で『丹生明神像』を描いた二幅があり、また弘法大師を中心に左に束帯姿の高野明神、右に唐様の衣装を着けた女性の丹生明神を配した『弘法大師・丹生高野両明神像』もある（共に金剛峯寺蔵、二〇五ページ参照）。

さらに丹生神社は日本各地にあり、いずれも水銀の産地である。「丹」とは硫化水銀（丹砂・辰砂）のことで、中国では金丹・仙丹と称し不老長寿の仙薬として古くから知られていた。高野で丹生明神が支配した土地も水銀の産地だった。

一方、猟師姿の狩場明神が犬を連れているのは当たり前のようだが、犬には地下の水銀鉱脈を嗅ぎわける力があるとも言われていた。古来、山の民が祀った狩場明神も水銀と関係があるかもしれない。高野山一帯には広大な水銀鉱床があるとされている。

もともと山林修行が反律令国家の性格を持っていたことは役行者の所でも言及した。若い頃の空海の修行もそうであった。しかし高野山を開いた時期の彼は、既に反とか脱の規定を超えていたと考えるべきであろう。むしろ彼の新しい宗教は律令国家をも超えていたというべきであろう。やがて密教は、かつては律令国家の精神的支柱であった南都奈良の旧仏教の間にも浸透してゆく。空海の真言密教は律令国家を超えることによって、それを内に取りこんだのである。

しかし空海の前にはもう一つ、旧仏教が無視してきたことによって取りこむべき対象があった。それが民衆、とりわけ新しい都、京都に在住する都市住民としての民衆である。延暦十三年（七九四）、桓武天皇が平安京を開いて以来、日本の歴史に初めて都市が誕生した。当然そこには都市住民も生まれるが、同時に新しい課題や都市に固有の未知の災害にも直面しなければならない。空海の新宗教はこれらの問題への対応でもあった。生まれつつある、あるいはこれから生まれて来る都市住民に焦点を合わせた宗教の誕生、これこそ空海が開いた日本仏教史の新生面だった。

京都・東寺の開設

平安京は壮大な都市計画を持っていた。南北は一条大路から九条大路までの一七五三丈（五・三キロ）、東西は東京極大路から西京極大路間の一五〇八丈（四・五キロ）の長方形。御所から南へ伸びる朱雀大路は幅二八丈（八三・四メートル）はあった。その南端には羅生門があり、左右に東寺・西寺が配された。堂塔伽藍はほぼ対称的だったといわれる。おそらくこれは奈良・平城京の東大寺、西大寺に倣ったものであろう。当初は、この両寺以外に京内に寺院を建てることは許されなかった。西寺は十世紀末、十三世紀中頃の火災で建物はすべて消失し、今はかすかに講堂の土壇跡を残すのみである。

しかしこの計画は壮大であるだけに、財政負担も莫大なものだった。当時、桓武朝は二つの難題を抱えていた。一つは対外的に蝦夷地の経営問題。もう一つが造都問題である。延暦二十四年（八〇五）、今後の政治の基本方針を議論したいわゆる徳政相論で参議藤原緒嗣《おつぐ》は「方今天下の苦しむ所は軍事（蝦夷地経営）と造作（平安京造成）となり。この両事を停むれば百姓安んぜん」と述べ、天皇もこの意見を採択して造都事業は中止された。延暦十三年から丁度十年後のことである。

同じように、東寺は桓武の平安遷都直後から着工されたが、なかなか完成しなかった。何人かの造東寺長官、造西寺長官が任命されては交代している。やがて空海が造東寺長官となり、嵯峨天皇の弘仁十四年（八二三）になって寺は空海に預けられ、名も教王護国寺と命名された。ここに首都における密教の根本道場が成立した（『御遺告』第一・第五條）。実に遷都以来三十年後のことであった。

このような経過から、空海に東寺が委ねられた事情を推察することができる。朝廷は東寺の建設をもてあましていた。財政的な理由からである。その前に空海は、後に述べる四国満濃池の築堤に手腕を発揮していたから、彼がこの難事業を任せるに足る人物だということは朝廷も認識していたであろう。ある意味では渡りに船である。これは丁度、行基が木津川の架橋に「知識」を動員して難事業を完成させ、これを知った聖武や橘諸兄らは驚嘆し、ついに行基を信任するに至った事情と似ている。嵯峨朝の宮廷も空海の「知識」に賭けたのである。

事実、空海もその造営に「知識」を動員した。天長三年（八二六）に書かれた「東寺の塔を造り奉る材木を曳き運ぶ勧進の表」では、東寺五重塔の用材として東山に巨木を切り出したが運搬は困難を極めている。この為、空海は役人たちにも助力を要請した。そうすれば「即ち子来の人夫雲の如くに集まり、塔幢の材木不日にして到りなん」と述べている。「子来の」とは、親のもとに子が集まるようにという意味であり、つまりは「知識」による労力の調達ということができる（『性霊集』巻第九）。

この時は塔心材四・幡材四・幡柱十六の計二十四本、運搬の人夫は総計三千四百三十人だった（『弘法大師年譜』）。こうして東寺には灌頂堂・鐘楼・経蔵などが次々に造営されたが、五重塔は空海の在世中にはついに完成しなかった。それだけの難工事だったのである。

他方、空海の側からいえば東寺によって首都に真言密教の拠点を造ることができた。それは高野山が金剛界曼陀羅の聖地として存在するのに対して、胎蔵界曼陀羅の地である。空海の二元的世界はここに成立する。それはまた、当時既に対立していた最澄の天台宗に対して優位に立つことをも意味していた。

このようなことが可能になったのは、一つには最澄を信任した桓武に代わって空海に親近した嵯峨が帝位に就いたこと。もう一つは、最澄が大乗戒壇をめぐって南都の旧仏教と激しく対立したのに比べて、空海は奈良の諸大寺とも緊密な親しさを保っていたことである。それが空海の優位を確立させた。東大寺の真言院も空海が建立している。渡辺・宮坂著『沙門空海』には、この間の関係が詳しく述べられている(3)。

しかし最後に、既往の研究ではあまり言及されていないが、東寺の開設に当たって空海が見据えていたのはこの頃新たに形成されつつあった都市住民の生活と信仰についてではなかったかと思う。それは政治的にも宗教的にも、全く新しい対象だった。当時、それに対して確固たる見識と、一定の見通しを持って対処できたのは空海一人だったといってよい。

ここには空海の留学体験も生きていたように思う。当時、唐の都長安は国際的な大都市だった。都市住民の雑多性、ここに信仰上の統一をもたらすべき宗教的課題。彼は長安に居住しながら、帰国した後の自分の直面する課題をはっきりと捉えていたのではないか。ここにこそ東寺の意義があったと私は思う。空海の大きな業績の一つとして民衆のための学校である綜芸種智院の創立も東寺開設と密接に結びついている。

いうまでもなくこれらは一連の大きな問題であり、次章において改めて取り上げることとしたい。

第二章　空海と民衆

「東寺はこれ密教相応の勝地」、もし人々がこれを崇めれば天下太平、怠れば「朝に妖害あり国に災乱あらん」。『東寺大礼の銘』にはこう書かれている（『年譜』）。では具体的に、この妖害・災乱にはどのような事態が考えられていたのか。

一　神泉苑の雨乞い

天長元年（八二四）仲春、空海は淳和天皇の勅命により京都・神泉苑で雨乞いの修法をおこなったとされている。

『日本の気象史料』（第五編　旱魃）によると、その前々年の弘仁十三年（八二二）の夏は「京都大旱魃」とあり、天皇の使いが派遣されて畿内諸国で降雨を祈った。翌年には米が不作で朝廷は租税・課役免除の措置をとるほどだった。次の天長元年も「諸国　春大旱」となっている。

朝廷も各宗派も雨乞いには力を入れた。いうまでもなく、少雨による凶作は政治問題化する。三年後の天長四年五月「天長皇帝、大極殿に於いて百僧を屈して雨乞いする願文」（天皇が百人の僧を集めた儀式での願文）では、雨が降らないのは「万民罪有る、唯一人に在てす」（全人民の苦しみは、ただ一人、天子の罪である）と政治責任を認めている（『性霊集』巻第六）。神泉苑での請雨祈禱は、平安時代を通じて三十一例に及んだ。

また昭和十五年、海洋気象台長の田口龍雄は「日本の歴史時代の気候に就いて」の学会発表で宮廷で行なわれた雨乞い祈禱の回数を世紀別にまとめている。それによると、七〇〇年まで一六回、八世紀三十一回、九世紀四十六回、十世紀四十五回、十一世紀三十回、十二世紀三十一回、十三世紀二十八回となっており、十四世紀以後は顕著に減っている。これは勿論旱魃が減ったことを意味しない。理由としては様々なことが考えられるが、一つには仏教内部での密教系諸派の勢力消長と関係しているかもしれない。つまり平安時代は雨乞い祈禱の全盛期だったのである[1]。

もともと請雨は『大雲輪請雨経』に基づいて行なわれる。この経は空海が唐から請来したもので、彼の師恵果から伝授されたものだという。空海も五穀（米・麦・粟・豆・黍または稗）の豊作を祈願して、各地にさまざまな形で請雨の祈禱を行なった。

空海の神泉苑での祈禱の模様は、『弘法大師行状絵巻』にも華麗に描かれている。その絵につけられた詞書には、後世に流布する〝雨乞い〟伝説のほぼ全貌が尽くされている。その巻八第四段「神泉祈雨」では、日照りが続くため空海に祈禱が命じられた。しかし守敏という僧は、先輩である自分が行なうべきであると上奏して七日間の祈禱を行なった。だがその効果は京の内に僅かな雨をみたに止まり、周辺地域には及ばなかった。

ここに守敏と空海との対立図式が現われている。守敏は空海の東寺と並ぶ西寺を預かり、桓武天皇の信任も厚く名僧といわれていた。この伝説は勢力が拮抗した東寺・西寺の対立・抗争を反映しているであろう。

そこで空海が代わって七日間の修法を行なったが、依然として降らない。調べると守敏が呪力で池の龍を瓶の中に閉じ込めていた。空海は修法を二日延長して龍王を供養すると、忽ち密雲が垂れこめ「甘雨、正に滂沱たり」、「上一人より下四元に至るまで、首を垂れ、掌を合わせざるはなし」となった[2]。

これが、いわゆる神泉苑の雨乞い伝説である。この話には諸々の龍などが出て、かなり後世付会の趣が強い。そもそも天長元年の儀式は無かったのではないかという説も出されている[3]。

ところが空海の詩「雨を喜ぶ歌」（天長元年二月の作）の前段では、「山河焦竭《せうかつ》して禽魚死し、朝野亢陽《かうやう》して涙相続す」（山河は焦げつきて鳥も魚も死に、朝野は日照りのため涙が絶えない）と旱魃被害の激しさを詠う。ところがその詩の後段では、沛然たる降雨が田畑を潤し、草木を蘇生させた。空海は「農夫また愁ふること莫し、早く看よ、陸穜《りくとう》の苗老いたるか不《いな》かを」（農夫はもう心配はいらない。早く見よ、早生晩生の稲が成長しているかどうかを）と降雨の喜びを語る。

この詩の最後の二行は「天食天衣自然に雨ふり、無為無事にして帝功を忘れん」（食物も衣服も雨と同じ自然の恵み、政治の干渉もなく、政治の存在をも忘れるほどである）となっている。これは、中国古代の聖天子堯の治世を讃えた『十八史略』五帝の句「帝力我において何かあらん」を踏まえたもの、空海の政治理想の一端を伝えているであろう（『性霊集』巻第一）。

朝廷は雨をもたらした功により空海に少僧都の位を授け、彼はまた「少僧都を辞する表」（同上巻第四）を奉呈して辞退の意思を現わした。もし自分がこのような官位に就いたならば、仏道修行という本来の志をも損なうことになる。「遂に二利の益なからん」（二兎を追うことになってしまうだろう）という理由からである。だが朝廷はその願いを受けつけなかった。

それでは、神泉苑の話が事実か伝説かはさておき、空海はなぜ各地に何度か雨乞いの修法を行なったのであろうか。旱魃に苦しむ民衆を放置してはおけないという念いがあったことはいうまでもない。では彼に、雨を降らせる自信はあったのか？　あったと思う。超自然的な説明をもち出すことなしに、人間の持つ能力を自己利益に結びつけるのではなく虚心に鍛練すれば、天の気・地の気・人の気を読みとることができるようになる人はいると思う。勿論、空海もそのような人物であった。彼が官位を辞退したのは事の本質に触れている。

後にも述べるが、それはまた彼が讃岐の出身だったこととも関係しているように思う。この降雨の少ない地に、彼は生まれてから十八歳までを過ごしていた。ここから得られるのは、ささやかな雲の流れ、かすかな木々の枝のそよぎにも、やがて雨の降る前兆を読みとる経験を与える。これは仏法に仮託せずとも、おそらく老農と呼ばれる人なら当然に持っていた能力である。空海は農民ではないが、農民の心をわが心として感受できる資質を持っていたことに間違いはない。彼は守敏の祈禱中に降った少雨に、やがて来る本格的な降雨の前兆を見ていたのではないか。

近代人は、雨乞いの祈禱で雨が降るとは信じないであろう。同じように、老農と呼ばれる人を思い描くこともできない。まして天の気・地の気の如き、ある筈はないと疑っている。その反面、政治家を先頭に現代的な人ほど人の気、つまり人気を窺うことには長《た》けている。これらは、現代人が陥る合理主義的思考のわなである。

しかし空海にすれば雨乞いのために官位を与えられ、あたかもそれの専門家のように扱われてはとんでもないことになる。現代の人工衛星を打ち上げ、膨大な予算を費やし、科学と称する天気予報ですらしばしば間違うのである。

それにしても降雨祈願は必要だった。なぜなら、彼が信ずる真言密教の本旨を多くの人に悟らせるには、それが最も有効な手段、つまり「方便」だったからである。当時の文字も不通な民衆に、いかに教理を説いてもはじまらないということはあった。こうして問題は、当時の民衆とりわけ都市住民がどのような〝信仰〟に囚われていたのかに移る。

二　都市住民と御霊信仰

御霊《ごりょう》信仰とは「祟り」、即ち神の祟り・霊の祟り、最後に非業の死を遂げた死者の祟りへの怖れから発している。平安初期になると、それが一つの信仰の形をとった。御霊信仰の成立である。

近代になって、御霊信仰は民俗学の分野で早くから着目されていた。柳田国男は次のように述べている。平安時代の初期「帝都の急激な繁栄につれて、諸種の天変災害の頻々として起こったことがあった。それを当時の人々はその前後の政変と結びつけて、若干の憤りを含んで横死した者の、霊となって祟りをなすものと信じて怖れおののいたのである」(「先祖の話」)。

簡単ではあるが、ここに御霊信仰の要点は指摘されている。なによりもそれは帝都、つまり平安京の繁栄につれて都市型信仰が成立したことに依っている。

(1)しかしその前には先ず都市住民が生まれている訳だから、そのような住民がいかなる人々であり、彼らがなぜ都市住民になったのかは検討されなければならない。

(2)次に頻々として起こった「天変災害」とは、当時の人々のかつて経験したことのない新しい災害だった。人口の密集した都市では、火災・地震・疫病の流行・飢饉・盗賊団の襲撃など、いずれも農村部では考えられないほど大規模で深刻な災害となる。都市型災害の発生である。人は、新しい災害には新しい理由を求めようとする。それが「祟り」、つまり御霊信仰だった。これが旧来の信仰とどのように異なるかが問題となる。

(3)当時、この災害の原因は政治に求められた。政治災害の発生である。これが、民衆の眼を政治批判に向けさせるきっかけとなった。柳田を始め民俗学の分野から、この面への言及はなかった。一つには戦前の時代的制約があり、もう一つには民俗学の性格上、政治批判を回避するという傾向もあった。これを最初に指摘したのは昭和十四年、京都大学大学院生だった肥後和男の「平安時代における怨霊の思想」(『史林』二四‐一、一九三九年)だったといわれる。

（4）政治批判は当然、政治責任の問題となる。いうまでもなく律令国家における最高の政治責任者は天皇だった。しかも在来の神道と異なり、仏教思想の浸透は天皇をも除外例としない。仏教が普遍宗教である所以である。やがては天皇がその政治責任を追求され、地獄に堕ちて仮借なき苦患をうけるという説話が流布するまでになった。＊

しかしこれらの大本にある「祟り」への怖れは朝廷も民衆も共有していたが、皮肉なことに御霊信仰の基をひらいたのは天皇自身だった。平安遷都のほぼ十年前、藤原種継暗殺事件を口実に桓武天皇は弟であり皇太子でもあった早良親王を流罪とした。早良は無実を訴え、幽閉後は自ら食を絶ち、流刑地に送られる途中で死んだ。その後、天皇の周辺には凶事が頻発し、それを占った陰陽師が原因は早良《さわら》親王の怨霊によるものと告げた。桓武は戦慄して早良に崇道天皇の号を送り、その霊を慰めた。柳田が述べた「政変」とはこのことである。こうして御霊信仰が始まった。平安遷都もこの「祟り」への怖れが機縁となっている。

＊　御霊信仰の史上、最大の人物は菅原道真である。道真は政敵藤原氏の讒言によって右大臣の地位を追われ、九州太宰府に左遷され、その地で没している。死後、道真の怨霊はすさまじい霊威を発揮し、御所を中心にさまざまな災疫を起こした。

しかし、無実の道真を左遷して死に追いやった責任は時の天皇、醍醐に帰せられた。この為、醍醐天皇は地獄の責め苦にあうという説話が天皇の生前から作られていった。『北野天神縁起』では、醍天皇のいとこ右大弁公忠が三日間仮死状態になり、その間冥宮を訪れて道真が冥官の前で天皇の失政を詰《なじ》るのを聞いた、というものである。公忠は蘇生してそれを天皇に伝えた。この話を聞かされた天皇がいかに怖れおののいたかは想像に難くない。道真が位を進められたのもこの時である。

次に『道賢上人冥土記』がくる。ここでは日蔵上人（道賢）が山の岩屋で修行中、十三日間頓死して死後の世界を歴訪する。その途上、道真にも会い、地獄に堕ちた醍醐天皇にも対面している。ここに地獄の描写が出てくる。

最後は『太平記』で、その地獄描写は最もすさまじい（巻第三十五、北野通夜物語事）。嵯峨天皇とその臣下たちは、地獄の獄卒から仮借ない責め苦にあっている。南北朝戦乱の世を描いた『太平記』では、それだけ政治批判の度も激しく、天皇といえども例外ではなかった。万人に共通した信念体系のない現代に、これだけ厳しい政治責任の追求は成り立たない。当然のことながら、地獄の想念も現世の反映なのである。(4)

三　流浪の民・流亡の神

平安遷都は長岡京からの移転の形をとった。天皇や貴族、それに諸官庁に勤める役人たちも京都へ移った。また新都建設のため、諸国から徴発された労働者や技術者も多数集められた。これら新都を形成する人々については記録もある。またその生活を支える商業関係者も蝟集して市を形成したであろう。都市とは多種多様な人々の集合体である。

しかし都市は、このように公式に認知される人々によってのみ造られているわけではない。ひとたび都市が造られると、そこには荒廃した周辺地域から生計の資を求めて多くの人が流入してくる。彼らは都会の一角にスラムを作り、あるいはホームレスとなって住みつく。現代の大都会でも同じことだが、その殆どは正確な記録も統計もなく実態把握も十分ではない。平安京にも同じことが起こっていたと考えても不思議ではない。

だが、このように推察させる根拠はあった。律令国家そのものの中にである。律令国家は原則として土地・人民を公地・公民としたが、このことは（イ）古代共同体の崩壊を意味している。同時に農民は（ロ）国家による過大な貢租負担にあえぐことになった。しかも律令制は最初から貴族・高級官僚・巨大寺社に私有地の特権を認め、また天平十五年（七四三）には開墾地の永年私有を認めたから、農民はその荘園に囲いこまれることとなる。こうして（ハ）律令制の形成・拡大とその解体過程は同時、平行的に進む。

山上憶良は奈良時代の前半に活躍した高級官僚だったが、『万葉集』に載せられている「貧窮問答」は彼が筑後守など地方行政官として見聞した農民の生活を描写したものであろう。その歌は困窮を極める農民の生活に「里長」が容赦なく納税を迫り、結びは「かくばかり、術《すべ》無きものか世間《よのなか》の道」という悲痛な呻きでしめくくられている。

この長歌につけられた反歌では「世間《よのなか》を　憂《う》しと恥《やさ》しと　思へども　飛び立ちかねつ鳥にしあらねば」と、鳥に託して流離の旅への切なる想いを歌っている。

その主たる理由は租税の重いこと、加えて徴税役人の非道さにあった。『日本霊異記』下巻には、過酷な税の取立で農民を苦しめた役人が死後地獄の苦患《くげん》をうける説話が載せられている（「官《つかさ》の勢を仮《か》りて、非理に政を為し、悪報を得る縁第三十五」）。

憶良の歌ではまだしも「飛び立ちかねつ」だった。しかし平安京が出来た段階では、生活苦のあまり故郷を捨てた農民が一縷の望みを抱いて都市に流入することはありえた。流浪の民の行きつく先は都会なのである。

では信仰生活はどうなるのか。古代共同体が破綻すれば、昔からの信仰も成り立たなくなる。まして農民が故郷を捨てれば、その地で斎き祀られてきた神も居場所を失う。代わりに国家あるいは中央からやってきた支配層が持ちこむのは新しい仏である。こうして祀るべき人も土地もなくした神は、（1）仏に従属してその眷属となるか、（2）反抗して猿・蛇・鬼など怪奇な化け物に変えられるか、（3）流亡の末に彷徨する神と化するかの運命を辿る。正に前述したハイネのいう『流刑の神々』である。

この中で（2）あるいは（3）の神は、権力に対する深刻な恨みを抱いて怨霊化してゆく。これらの神々は、もはや土に根ざさず、祀られるべき共同体を失い、農作の禍福を司ることもなく、あたりを徘徊しつつ、故郷を捨てた民と共に都市に集まる。しかもここでは、かつてないほどの都市災害に直面して内に痛烈な政治批判を秘めた祟り神となる。それは、都市住民のかなりの部分の心情を代弁していた。御霊信仰の成立である。

事実、嵯峨天皇の弘仁三年（八一二）には民間にさまざまな「妖言」を信じてそれをいいふらし、しかもその言葉はしばしば「国家に及び」、「みだりに禍福を説く」ものがあり、これらを罰するようにとの詔勅が出されている（『日本後紀』弘仁三年九月二十六日条）。それが貞観七年（八六五）になると、「京畿七道の諸人、御霊会にことよせ、私に徒衆を聚め、走馬騎射することを禁ず」（『三代実録』貞観七年六月十四日条）と、武装騒乱の趣さえ出てくる。信仰の形は、治安問題としても政治課題となった。

空海の新しい宗教も、都市にその基盤の一つを求める限りこのような民間信仰の実情に対応しなければならなかった。空海の思想と諸事業における斬新さは、彼が時勢の中に発見した課題の新鮮さにある。

第三章　民衆はどのように空海を理解したか？

ここで架空の、しかし典型的と思われる一平安京住民を考えてみよう。彼は都の下町に住んで、貧しいながらも空海の雨乞い祈禱を知り、東寺建設の「知識」に加わったりして、ささやかな物的恩恵と精神的満足を味わっている。そうして、折りに触れて聞きかじった空海の言葉をつなぎあわせて、なんとかこの師の教えの筋道を自分なりに納得できないかと念じている。それは学匠たちが説く深遠・壮大な真言密教の哲理には及びもつかないが、与えられた現世利益と教理とにはどのような道筋があるかについてである。

多分、彼はそれを先に述べた「情理」の筋道で理解したであろう。行基も空海も衆生救済の並々ならぬ情熱を抱いていた。それは彼にも十分に感得できる。この「情」の面での共感が、かなりの程度「理」の理解を促すのである。空海その人もまた情理両全の人であった（〔補論2〕参照）。

以下は、そこに紬ぎ出された乏しい彼の空海理解と思われるものである。これは私の空海理解のレベルとも照応している。長年、その難解さ故に敬遠していた空海について多少とも身を入れて考え始めたのは十年ほど前からのことだからである。

一　現世利益と究極の「方便」

われわれが方便という言葉を聞いて、せいぜい思い出すのは諺にある〝嘘も方便〟ぐらいのものである。方便には方法、手段、巧みな方策などの意味がある。しかしもともとは仏教用語であり、仏法においては確固とした位置づけがなされている。

『大日経』の住心品には「三句の法門」として次のように説かれている。

菩提心を因とし、
大悲を根とし、
方便を究竟とす（入真言門住心品第一）。

これは仏の智恵とは何かという問いかけに、大日如来が答えたものである。ここでの方便はもはや手段ではなく、衆生救済の「悲」に根ざした社会的実践が究極の目標となっている。

空海が塔を建て、池を掘り、堤を築き、また時に雨乞い、時には止雨の祈禱をして豊作を祈願するのも、すべては菩提心と大いなる慈悲心を基とした方便だった。

『法華経』の「方便品第二」では、「貧窮にして福慧なき」六道の衆生に「歓喜することを得せしむる」ために、さまざまな方便が説かれている。例えば塔を建て、仏像を刻み、仏画を描くこと、あるいは楽を奏し、歌を唱うことも仏果を得る方便である。

これらの方便が法門の究竟にあるとしたら、空海のさまざまな事業も教理の中心に根ざすものとなる。真言密教は大きく社会的な実践活動に向かって開かれていた。

二　御霊信仰と即身成仏

空海の教理の核心は即身成仏にあり、それは『即身成仏義』に説かれているが難解である。本文が難解だから、多くの解説も難解である。その中では聖（成仏）と俗（即身）との統一、ありのままの自分が成仏可能であるとする個の確立、仏教においてはかつてなかった人の身体や五大（物質）の承認などが指摘されている。

このような解説ですら、正確に理解するには仏教教理についてかなりの研鑽が必要であろう。まして千二百年前の、名もなき平安の一住民に易しいものだったとは思えない。最澄の悉皆成仏も空海の即身成仏も単なる教理の次元に埋没して、布教のレベルまでは降りてこなかったという指摘は、その通りだと思う(1)。では、民衆はどのように了解しようとしたか、仮想してみる。

その頃、一般的な成仏の観念は三劫成仏だったといわれる。「劫《こう》」とは宇宙論的な時間の単位のことで、漠然とはきわめて長い時間、たとえば未来永劫《えいごう》などの意味で使われる。経典はさまざまな比喩で説明する。ある城に芥子の実が一杯詰まっている。それを百年に一粒ずつ取り出して、すべての実がなくなってもまだ一劫は終わっていない。気が遠くなるような時間である。三劫はその三倍、つまり成仏は約束されていても、永遠の未来にしか来ないものとなっている。

空海の即身成仏は、この無限の時間を一挙に縮めた。この身が生きている間に成仏できると説いたからである。勿論、条件はある。仏の悟りを目標として生きる決意、つまり菩提心を持つこと。すべての生き物（衆生）を憐れみ、救済しようと志す慈悲心の体得など。しかし劫というどう考えても不可解な時間からの解放という点は、誰にでも分かる歓びになったのではないか。

仏に成ること、成仏の可能性が自分にも開かれたということは、もしそれを現世利益といえば最高の現世利益であったであろう。勿論、商売繁盛とか合格祈願など普通にいわれている観念とは遠く隔たっているとしてもである。

ところで、空海がこの時点で即身成仏を説いたことには、〝歴史的一致〟とでもいうべき時代の働きが作用していたのではないか。それは個人の意志や能力とは無関係に、時代を共にする者に共通する運命の一つであり、具体的には御霊信仰と表裏をなした同時代性といってもよく、〝反対の一致〟といってもよい。

御霊信仰で御霊・怨霊は、早良親王や菅原道真がそうであったように、死んで直ちに御霊となる。時には生きながらに生霊となるものもある。いわば即身成霊である。このような信仰が世間に流布している時代相は、やがて即身成仏を教理の中心に据える空海と無関係ではなかったであろう。否、むしろ彼が取り組むべき課題はここにあった。仏教教理を研鑽する学匠として、あるいは山岳修行に専心する修験者としての立場をとれば、このような課題は視野の内に入ってこない。しかし、この不条理な観念を打破することこそ衆生済度の意味でも、鎮護国家の点からも、空海にとっては避けることのできない〝現代〟の要請だったであろう。

現代人は御霊信仰をまともには扱わないであろう。人が霊となって祟る！　非科学的妄想の極みである。しかしそれを否定する根拠も、実はわれわれの浅薄な科学的思いこみに依存しているにすぎない。近・現代人といえども、御霊信仰の残光から完全に免れているわけではないからである。

今も京都の夏を賑わす祇園祭は御霊会《ごりょうえ》から始まっているし、そもそも近代日本の出発点、明治維新に当たって明治天皇が真先に行なったのは七百年前の保元の乱に敗れ、讃岐へ配流された崇徳上皇の神霊を京都へ移すことだった。上皇は、上田秋成の『雨月物語』第一篇「白峯」が描くように遠く京都の朝廷を恨み、生きながらに魔王となってすさまじい呪いの言葉と共に没した。典型的な御霊である。歴史的にも保元の乱は、時代が公家支配から武家支配に移行する劃期的な事件だった。実に朝廷は、七百年にわたって上皇の祟りに脅え続けてきた。慶応四年八月十八日、明治天皇の宣命によって上皇の霊は京都に還幸し、それによって朝廷は中世の呪いから免れて近代日本は出発した。今、崇徳天皇廟は京都・祇園南町にある。さらに靖国神社も、戦死者の魂を招く御霊信仰に根ざしている。こうして見ると、日本近代もなんら御霊信仰と無関係ではない。

それにしても現世利益・即身成仏は共に誤解を招きやすい言葉である。現世利益はイージー・インスタントな実利祈願と同一視される。即身成仏は無条件な自己肯定の意味に解されてしまう。従って、空海においてもこれらの誤解に対する用意はされていた。密厳浄土を即身成仏と一体のものとして捉えることによってである。個人としての成仏の祈願は、社会全体の理想を計る前者、密厳浄土への希求と不離の関係にある。密厳浄土とは曼陀羅世界の実現であり、自他共に大日の光の下に生きる浄土相の実現である。人間には、仏性というのが大袈裟ならば、自利と共に利他を求める菩薩性の如きものはあるであろう。儒教的に言えば性善である。

御霊信仰を単に迷妄として否定するだけでは、なんら展望を持った解決にはならない。現世利益も、人々がそれをより大きな希望と繋げることによって積極的な意味を持つことになる。それによって「祟り」に怯える御霊信仰は克服される。空海は、その筋道を具体的に描きだした。

三　「成所作智」――〃技術的理性〃？

空海の諸事業は、人々の真摯な信仰・多くの人が「知識」として参集する労働・およびそれらを塔なり築堤なりの物において結実させる技術の結集体として成立している。信仰・労働・技術、これらを統合しているのが空海の「全人」的な人格だった。彼は、前述した奈良時代の高僧たちと同様に、建築・土木・灌漑水利・地質・気象・医薬などの諸技術にも当時の水準を抜く知見を有していたと思われる。

ではその技術は教理上、どのように位置づけられるだろうか。これは私の独断だから、全くの見当違いかもしれない。だが強いていえば、技術は曼陀羅諸仏の中の不空成就如来に配される成所作智《じょうしょさち》に相当するのではないか。

不空成就如来は、金剛界曼陀羅の成身会で中央の大日如来を囲む四仏の一つ、印契は衆生に対して畏るることなかれと告げる施無畏《せむい》印を結び、色彩は必ず目的を達成できるという青である。成所作智は人間の持つ八識の内で、感覚的機能である前五識（眼・耳・鼻・舌・身識）を転じて智となすもので、衆生救済のため為すべきことを成就する智を指している。「この智恵によって、真理が実践面に展開していくことが可能となる[2]」。

これは、言葉本来の意味で技術だと解することはできないだろうか。技術の出発点は人間の諸々の欲望にある。身体的欲望をもっと手軽に・早く・有効に（easy, instant, convenient）満たすという要求に発している。しかし逆説的ながら、欲望によって技術は成立しない。むしろ直接的な欲望を断念して、自然の条理に則した知の働きを介入させなければならない。ここに技術を達成するための知的誠実さが加わってくる。この「方便」から成所作智に至る論理の過程を、仮に〃技術的理性〃と呼びうるのではないか。

哲学者三木清は、戦時色強まる昭和十二年（一九三七）頃から主著『構想力の論理』の執筆を始めた。中心は技術の本質と、その文化形成力を解明することにあった。そこには当時の日本に広がった不安や、一部に横行した非合理的熱狂に対決するという意図が込められていたと思う。合理的な技術を文化の基礎に据えることによって、言いかえれば文化を技術的理性の相下において把握することによってである。

彼によれば「人間の活動はそのあらゆる方面において技術的である。……単にいはゆる文化が技術的であるのみでなく、人間の形成そのものが技術的である」とした。この意味では、教育や道徳も「人間を作る」点で技術的であり、修養もそうである。哲学はその全貌を把握しなければならない。それが「構想力」である。彼はこの構想力の概念によって、哲学の根本命題である主観と客観、ロゴスとパトスの統一を目指していた。

技術の本質は「物を作る」点にあるが、その過程で人間の諸徳が涵養され、この徳性によって技術的成果が達成される。ゲーテは『ウィルヘルム・マイスター』の中で、手工業的技術の習得が人間形成の上で働く教育的効果を説いた。人間形成にとって、徒弟・修業時代は大きな意義を持っている。技術は人間の恣意を許さない。人は自然の法則に従いながら、恣意を抑制する訓練を自らに課さなければならない。誠実さ・正確さ・勤勉・規律を正すことなどである。特に発明において、技術は手段の発明ばかりでなく、目的の発明ともなる(3)。

このように見てくると、今から七〇年前に書かれた三木の技術論は現代技術についてもある視点を提供している。それればかりでなく、およそ千二百年前の空海が採用した諸技術にもその態様を推察させる示唆を見いだせるように思える。例えば、唯識論にいう前五識を捨てて、それを成所作智に転化することは何時の時代にも技術に要請される恣意を排除するという課題に適合するのではないか。

例えば、建築後数百年・千年近くたつ五重塔のすべてがいまだ地震によって倒れたものはない。地震で五重塔は倒れないのである（後述）。そこには、現代建築学も学ぶべき高度な智の働きが秘められている。このように時空千年の隔たりを超えて一貫している智を、かつての仏法では成所作智と呼んだ。現代人にこのような言葉がなじまなければ、それに〝技術的理性〟という言葉を当てても良いのではないかと思うのである。

このような理解は、教学専門家の立場からはとるに足りない迷論として一蹴されるかもしれない。それはそれで仕方ないのだが、ただ千二百年前、空海に従って諸事業に働いた人たちが、そこに込められた技術や知識、勤労や協働の熱意に人知を超える仏智に支えられたものを感じていたとしても不思議ではない。このように多くの人、とりわけ都市住民の熱意が彼の多面的な活動を支える原動力だった。空海にとって、東寺は現世に密厳浄土を実現するための拠点となる。

第四章　綜芸種智院と平安の市民形成

淳和天皇の天長五年（八二八）、空海は綜芸種智院《しゆげいしゆちいん》を開設した。日本で最初の庶民のための本格的な私学だったといわれる。場所は東寺の近く、前中納言藤原三守の邸宅を譲りうけたもので、空海は三守と親交があったという。

一　「院」開設――「普《あまね》く三教を蔵《をさ》めて」

空海は前々から、この種学校の必要性を痛感していたであろう。開設が決まると直ちに設立の趣旨と校則を書いて公表した。「綜芸種智院の式　并に序」である（『性霊集補闕鈔』巻第十）。

「式」の冒頭には院の敷地の景観を叙している。「松竹風来つて琴筝のごとし。梅柳雨催して錦繍のごとし。」湧泉・清流をめぐらし、豊かな樹林に囲まれた清涼な学園の景色である。

院の名となった綜芸とはあらゆる学問を総合すること、種智とは一切の法を知る智慧を意味する。この名称は『大日経』「入漫荼羅具縁真言品」第二で「漫荼羅の位の初めの阿闍梨は、応《まさ》に菩提心を発こし、妙慧と慈悲あり、兼ねて衆芸を綜《す》べ」、「是の如き諸々の賢者は、真言の妙法を解し、勇にして種智を獲、無相の菩提に坐せり」に由来するとされている。これは『弘法大師絵詞伝』（巻下）に出ているが、経文ではやや離れた二つの文に分かれている。

その「序」で空海はいう。「九流六芸は代《よ》を済《すく》ふの舟梁、十蔵五明は人を利するの惟れ宝なり」と。九流とは儒・道・陰陽・法・名・墨・縦横・雑・農の九家のこと。六芸は礼・楽・射・御・書・数の六技法である。どちらも、いわば世俗の技芸。これに対して十蔵は仏教の教えを十に分類したもの、五明は声明その他菩薩の学ぶべき五つの学問である。つまり聖俗あわせた学芸がここに挙げられている。

しかし当時、学芸研究の実態はそれぞれ専門の枠に閉じこもり、世を救い人を利する根本の目的は忘れさられていた。僧侶は経典の学習のみをもてあそび、大学に学ぶ者は外書、つまり仏教以外の世俗学芸の研究だけに耽っている。これでは駄目だと空海は考えた。それだからこそ「綜芸種智院を建てて、普く三教を蔵めて、諸の能者を招」かなければならない。

「三教」について識者の意見は分かれているようである。一つは、それを儒・道・仏とみなすもの。その根拠は空海の『三教指帰』にある。他の一つは、三教を儒・顕・密とするもの。仏教は顕・密二つに分けられる。空海の意図は後者であろう。なぜなら、『三教指帰』は空海二十四歳の時の著。五十五歳の男が三十年前の若年時の著作に拘泥するだろうか。勿論、空海は普通の若者とは異なるという異論はなりたつ。しかし、その空海といえども思考は深化する。綜芸種智院の開設時、彼の関心は顕教と区別された真言密教の確立にあったからである。

空海の構想は雄大である。しかし学校はといえば、平安の都には「但《ただ》一つの大学のみ有つて閭塾有ること無し」。大学が一つあるだけで、勉学塾はない。「是の故に貧賤の子弟、津を問ふに所無く、遠方の好事、往還するに疲多し。今此の一院を建てて普く瞳矇《とうぼう》を濟《すく》はん。」このため、貧しい子弟は知識を求める所もなく、好学の学生は通学の疲労が甚だしい。今、この学院を建て広く学童の蒙をひらこうと思うというのである。論旨、甚だ明快。対象は向学心がありながら、貧しく身分もなく大学に入る資格のない子弟の教育にあった。

むしろここには、新たに出現した都市住民に対する空海の深い思い入れをくみ取るべきであろう。彼の視線は常に今あるものにではなく、正に生まれようとし、今後育ってゆくであろう対象に注がれていたと私は思う。言葉としてはやむを得ず庶民・市民などの語をつかっているが、市民はもとより庶民といえる存在すらなかった時のことである。

二　校則――「貴賤・貧富」を論ぜず

「序」に続く「式」つまり校則では、まず冒頭に「師を招く事」を挙げ、ついで「院」の基本方針三カ条を挙げる。最初に「一つ　道人伝授の事」、次に「俗の博士教受の事」、第三に「師資糧食の事」である。

「師を招く事」では、道を究めるにはさまざまな教師に接する必要がある。『華厳経』「入法界品」で、善財童子は五十三人の善知識の下を遍歴して道を求めたことは既に述べた。ここでは仏教に反対する「外道」までが入っている。たとえ仏教に反対でも一つのことを貫いている者には、それなりに聞くべきものがあるという趣旨であり、大乗仏教の極致といってよい。空海もいう。「法を求むることは必ず衆師の中に於いてし」というのがそれである。

したがって空海が仏法と並んで、外典の教育を重視している点が注目される。「故に先ず師を請ず。師に二種有り。一には道、二には俗。道は仏経を伝ふる所以、俗は外書を弘むる所以なり。真俗離れずといふは我が師の雅言なり。」一宗一派の枠を超えた、その自由な発想は見事である。

この発想は三カ条の第一「一つ　道人伝授の事」にも受けつがれている。外書を知ろうとする者は世俗の博士について学ぶべきであり、俗人でも仏教を学ぼうと願う者は僧侶を師とすべきである。「貴賎を看ること莫くして、宜しきに随つて指授せよ。」ここで空海は、入学資格に身分の上下を問う既存の大学を意識しているのである。

第二の「一つ　俗の博士教受の事」の条でも、再び「貴賎を論ぜず貧富を看《み》ず」とする。「三界は吾が子なりといふは大覚の師吼、四海は兄弟なりといふは将聖の美談なり。」大覚とは釈迦のこと、将聖は孔子である。「仰がずんばある可からず。」聖俗の等視は一貫している。

「一つ　師資糧食の事」は、これまでも綜芸種智院の最大の特徴とみなされてきた点である。教師にも学生にも食糧を提供しようということで、つまりは学費の問題であり、完全給費制の採用である。「道を弘めんと欲《おも》はば必ず須《すべから》く其の人に飯《はん》すべし」となる。学校に入ることは、一面で貧民の子弟を救済する意味を持ったのではないか。ここに空海の理想とリアリズムの見事な結合がある。彼がいかに都市住民の生活実態を熟知していたかの証左である。

最後に空海は、「院」の設立に当たっては若干の費用を提供したが、貧しい自分としては十分な経費を充当することができない。もし自分の志に協賛する人があれば、額の多少を問わず寄付をお願いしたい。「共に群生を利せん」と結んでいる。

これが、先に述べた「貴賤を論ぜず」という教育の機会均等、内典外書を共に教授する総合教育の点と併せて、「今日からみても驚嘆すべき教育理想」といわざるをえない。現在の教育論議は学校を経済問題として論ずるか、あるいは制度組み替えに奔走するか、いずれにしろ実に千二百年前の空海の理想からもリアリズムからも遠くへだたった枝葉末節の議論に耽っている。

空海のこの着想が、自ら官学の「大学」に学んだ経験から来ていることは間違いない。彼は「当時の官学の欠点」を身を以て知っていた(1)。

彼はこの大学を中途退学している。それが若い空海の熾烈な求道心を満足させなかったことは勿論だが、同時に彼を幻滅させたのは同学生たちの無気力ぶりにあったであろう。彼らには将来が保証されていた。ということは、将来の限界も見えていたことになる。どちらもが身分制に拘束されているわけで、どうしても勉学は二の次になる。これが空海をして早々に大学を飛びださせた一つの理由だったたであろう。

制度は整えられている。しかし整っているのは制度だけでもある。それはまた、今の教育制度にも見られるのと同じく「人」の面での制度疲労、より大きくは国家や社会そのもの、当時のこととしては律令国家頽廃の一断面である。

三 平安京の住民たち

話は飛ぶが十八世紀末、隣国フランスで市民による大革命を眼のあたりにしてドイツの詩人フリードリッヒ・シラーは「われわれは制度を作る前に、先ず市民を作らなければなりません」と述べた（Schiller's Briefe, 13, Juli, 1792）。この指摘は、何時でもどこでも当てはまる。市民という言葉をもてはやす現代でもそうであり、実はこれから市民を作らなければならないのかも知れない。

今、市民という言葉は一種流行語のような趣があり、そのような言葉を使うのは適当でないが、大きな町の住民という意味にしておこう。勿論、空海の時代の平安京に市民など影も形もなかった。いくらかでも京都に、しいて市民に相当するといえるかもしれない町衆が生まれるのは戦国時代の末期、十六世紀末になってであろう。このことは第I編でも言及した。

しかし空海も、否定的な意味では同じ課題に直面していたといえる。それは都に流入した人々を都市住民に順化してゆくことで、その最初の課題が御霊信仰の克服であった。それは都市型災害から生まれた都市型信仰だったからである。しかしそれが都市生活を一層の混乱に導く。御霊信仰が民衆の苦難を軽減することはない。綜芸種智院の開設が、背景の事情としてこの問題の克服という課題と繋がっていたであろうことは十分に想定できる。否定的にというのは、この意味においてである。御霊信仰を克服する当面の課題は、少なくとも死者の祟りというような想念の克服である。これは空海ならずとも、仏教者としては当然の課題であろう。

では、空海の最終的な目標はどのような人を育成しようとしたのか。この点は、空海が没した十年後、承和十二年（八四五）に綜芸種智院が廃校となり、東寺に編入されたことと関連しているように思う。開校以来、二〇年の存続であった。その理由として、諸研究の論考では一様に経済事情が挙げられている。しかしそれとは別に、なお考えるべき点もあろうかと思う。後に再び取り上げることとする。

平安京当初の人口は十万程度ではなかったかといわれている。それではここの住民とはどのような人々だったか。

既に桓武天皇の延暦九年（七九〇）には、近畿一帯に疫病が蔓延し、加えて日照りにより農地は荒廃、このため天皇は京の左京・右京と畿内五ヵ国の田租を免除している（『続日本紀』延暦九年九月十三日の条）。空海が綜芸種智院を開設した頃、畿内の公民は調を半減、庸は全免されていた。そのため各地方からはしきりに京畿に移って戸籍の記入を受け、あるいは権門・勢家の従者となって租税減免の恩恵にあずかろうとする者が続出したという。こうして平安京の住民は急増し、その多くは貧困層だったと思われる。空海が彼ら、あるいはその子弟の教育を志したのも、このような情勢と関係していたであろうといわれる[2]。

新しい都市が造られる時、それを為政者や計画者などいわば上の立場から見れば壮大な見取り図が描かれる。しかし都市の下層には、多くの貧民・難民が蝟集してあまたの社会問題が発生する。これは、世界のどの都市にも共通した問題であろう。空海は一方で学園についての高遠な理想を持っていた。他方、眼前の問題を見過ごすことも決してなかった。正に綜芸種智院はこうして設立されたのである。

四 「知識」の担い手

問題を綜芸種智院開設の趣旨に限れば、これまで述べてきたことで尽くされているであろう。しかしそれを空海の広大な人格の中に置いてみた時、彼の企図と志望はさらに先を見ていたのではないか。誰もいわないので間違っているかもしれないが、空海はここに育った学生の中から彼が将来遂行しようとする各種社会事業に携わる「知識」、つまり菩薩行としての「知識」の担い手の中でリーダー格の人材が生まれることを期待していたのではなかったか。「知識」とは信仰と労働と技術（職人は職人としての、農民は農民としての）を人格に統合している人間のことである。それは遠く、彼が思い描く密厳浄土建設の夢とも繋がっていたように思う。

もし彼がより長く現世にあってそれまでの活躍を継続できたなら、真言密教をさらに弘布するためにも、あるいは貧者を救い天災を克服するためにも、さらに諸事業をなし遂げようと思ったであろう。彼が先頭に立てば多くの「知識」が参集する。しかしそれが大事業であればある程、多数の群衆を教導するサブ・リーダーとしての人材が必要となる。

例えば弘仁十三年（八二二）十一月、空海は大和国村井に益田池を造るためその築池工事別当に当たることを要請された。この地方の農民は旱魃に苦しんでいたので、灌漑用水を確保する目的である。

しかし彼は多忙のためその任を辞退し、代わりに弟子の真円を推薦して工事を完成させた。着工は弘仁十四年（八二三）、完工は天長二年（八二五）である。その工事の模様は「数千の馬日々に聚まり、赤馬人を駆り、百計の夫、夜々に集まる……成ること日あらず、畢ふること年あらず」。即ち数千の人馬が集まり、工事は年月を費やさずに完成したとの意である。空海は「益田池碑銘並びに序」を書いてその偉業を讃えた（『性霊集』巻第二）。

空海に期待される事業がますます多様、大規模なものとなれば、この真円のような人材も一層多く切実に求められるようになるであろう。彼はやがて「院」が輩出する学生に、信仰と各種知識や技能を兼備した指導的人物が出ることを待望したのではなかったか。

『大日経』「真言事業品」は、真言の行者が菩薩の身を体してさまざまな事業をなすべきことを説いている。「所有の福聚を法界の衆生に与え……独り己身の為の故に菩提を求むるに非ざるなり。」このような行者がいかに多くの人を集め、難事業を完成させるかは、行基の例が見事に物語っていた。

もしこれが空海の究極の目標だったとしたら、彼の没後十年にして綜芸種智院が廃校となるのは、勿論財政上の理由が大きかったとはいえ、その弟子たちに師の壮大な志を継ぐべき器量がなかった故ともいえるのではないか。彼らは真言密教の修行には真摯であったろう。それこそが師の教えに忠実な所以だとも信じていたからである。しかし、いかんせん空海が内に秘めた雄大な意図は推察できなかったか、できたとしてもそれに相応しい器量を欠いていたといえるのではないか。

このように内面の志の継承・非継承の経緯は、勿論文献に記載される事柄ではない。だからこそ説明可能な理由として、綜芸種智院はまさに経済的理由から閉鎖されたのである。

第五章　空海の「塔」

五重塔は倒れない。しかし「塔」といえば、古くは旧約聖書に出るバベルの塔、新しくは二十一世紀初頭にニューヨーク、ワールド・トレード・センタービルも崩れ去った。なぜか？　この問いを考えなければ、今、「塔」の持つ意味は見いだせないであろう。

一　一神的風土と垂直への意志

五重塔の意味を考えるには、望むと望まざるとに関わらずキリスト教やイスラム教など一神的風土下での塔の意味に触れておかなければならない。塔が持つ最初の意味は宗教にある。しかしそれはさまざまな精神的変形を経過しつつ、現代の超高層ビルにまで及んでいる。

洋の東西を問わず、人間はしばしば塔を造ろうとする。だがあらゆる建築物の中で、塔のみが実用目的は二の次になっている。むしろはっきりと実用性を持った建造物、例えば灯台や見張り台は、それがいかに高い建物であっても塔と呼ぶには躊躇される。精神性を欠いているからである。

塔が持つ精神的な意味については『塔の思想』を書いたマグダ・R・アレクサンダーも指摘していた。「塔はいわば首尾一貫した運動、つまり唯一の垂直方向への動きの担い手であり……象徴的に表現され、芸術的に実現された垂直上昇の理念の純粋な具体化なのである(1)」。

人は仰ぐ、つまり垂直方向に「聖」なるものを見いだそうとする。とりわけ一神教においてはそうである。神は天上にある。それが神に祈り、神に近づこうとする欲求から塔を造らせるのではないか。聖性は垂直方向にある。

だが、その欲求を塔の形で具現するには現世の力が必要となる。権力および財力である。こうして、この力への意志はやがて「聖」なるものを求める祈りと拮抗し、ついにはそれを圧倒する。神の如き、あるいは神を凌駕する力の誇示としてであり、それがまた塔の魅力ともなる。塔が内包するこのような精神の変形を、最も古く、最も象徴的に示したのがバベルの塔だった。

旧約「創世記」でバビロンの人たちは塔を建て、「その頂を天にいたらしめん」(第十四章)とした。この傲慢さが神の怒りを買った。後に予言者イザヤは「なんじの栄華と琴の音はすでに陰府《よみ》におちたり」と宣告した(「イザヤ書」第十四章)。神に挑戦するバベルの塔は二度と造れない筈だった。近代人が新しい〝神〟、シェークスピアが「きらきら光る新しい神、目に見える神よ」(『アテネのタイモン』)と呼んだ黄金の力で近代の超高層ビルを建てはじめるまでは。その最新・最高の塔がワールド・トレード・センタービルだったのである。

一体、バベルの塔は神の怒りという外力によって倒れたのか？　あるいはそれを建てた人間の傲慢さによって崩れたのか？　同じ問いは現代の塔にもあてはまる。それは現代（近い将来も含めた）アメリカ精神史の問題であり、日本人にとっても無関係ではない。人々が本当の原因は後者の理由によることを納得するには、まだ暫くの時間がかかるであろう。

二　天津神神話の垂直的構造

しかしこれらは単に外つ国《とくに》の物語には止まらない。〃力への意志〃のある所、神話でさえも垂直的構成をとる。日本の神話も例外ではなかった。

出雲大社の高楼

『古事記』が伝えるように、日本の神話は「国うみ」の最初から既に垂直的だった。いざなぎ・いざなみの二神は「天の浮橋」に立って「天の沼矛」で眼下の海をかきまわすと、矛から滴り落ちた塩が固まって島となった。いざなぎ・いざなみの両神はこの島に下りて、最初に「天の御柱」を建てた。この柱が天と地を繋ぐ。神の依代としてである。それが日本国土の始まりである。

この天津神々は天上、高天原にあった。やがて天津神は国津神、地上の神々である出雲の大国主・事代主に「国譲り」を強制し大国主は地下に逐われる。事代主は海に身を投げた。今に伝わる美保神社の青柴垣《あおふしがき》神事がそれである。こうして天津神々は、この国を領有・支配する準備を整えた。

一方、天津神つまり伊勢系の人々は大国主の怨霊を鎮めるため、ことさらに壮大な出雲大社が造られることとなった。出雲の名もその高楼が雲を突き抜けるという意味だとされている。大社古伝によれば本殿の高さは、上古で三十二丈（九六メートル）、それを支える九本の柱はそれぞれ三本の材木を鉄の帯で緊縛した金輪造だったという。因みに東大寺大仏殿の高さは四十六・八メートルだから、この伝承では二倍以上となる。

これは実際に塔があったとすると余りに高すぎる。したがってこの神殿は、大社の背後にある八雲山を神体に見立てたのではないかともいわれる。同じ古伝では中古十六丈、その後は八丈となっている。平安後期の口伝では、東大寺の大仏殿をしのぐ神殿があったといわれているから、その高さはおそらく十六丈（四八メートル）。それにしても、巨大柱を造るための金輪造営法の考案には、古代人の柱への執着、権力者の限りない垂直への意志が込められているであろう(2)。

この「国譲り」の後、天照大神の孫ニニギの命はこの国を支配するため日向の高千穂の嶺に下る。いわゆる天孫降臨である。日本の神話は、国津神である出雲系の神々を天津神、伊勢系の神々が服属させ、支配した物語として出発する。前者は「国引き」神話のように水平移動による国造りに励み、後者は天孫降臨・「国譲り」のように垂直移動による征服・支配の国造りとなる。そもそも支配とは上下関係の確立である。

五重塔における神仏習合

こうして日本の塔の原像は神の依代としての柱であり、仏教における塔の原型は仏舎利を覆うストゥーパである。ストゥーパを漢字で音写すれば卒塔婆《そとば》となる。日本の塔、特に五重塔はことによるとこの両者が合体したものではないか。

しかし私の考える仮説によれば、日本の塔は周囲の景観と切り離しては論じられない存在である。ここにアレクサンダーが論じたような西欧的な「塔」の意味と分かれてゆくポイントがある。原則として五重塔は基壇の下に仏舎利を埋め、その上に心柱を立て、それを中心として五層の塔が築かれる。しかし後に再び取り上げるように、この心柱は建築構造上はなんの働きもしておらず、むしろ上から吊るされている場合も多い。神の依代としての柱が心柱となって仏塔の中心に収まり、ストゥーパを発展させた塔はやがて遺憾なく日本的な美を湛えた五重塔となったのではないか。

もしそうなら、その出発点は眼に見えない神仏習合にあったことにある。日本人にとっては美こそが「聖」なるもので、しかも美は水平関係の中にある。日本の五重塔は塔の縦軸と交差する横線としての軒の美しさを強調した点で諸外国の塔の中でも独自のものであり、それはまた建築構造の根幹をなすものでもあった。

しかし日本で最初の本格的仏教寺院とされる飛鳥寺、従ってその伽藍の中心に建てられた仏塔は、依然として建立者蘇我馬子の権力意志をむきだしにしたものだった。飛鳥寺の伽藍配置は戦後の発掘調査によって明らかになったが、塔を中心に北と東西に三つの金堂が囲む特異なもので、高句麗様式の直輸入ではないかといわれる。直輸入——まさに塔が日本的な美の表現となる以前のものである。

梅原猛氏は、中央の塔は馬子が自らをなぞらえ、三つの金堂はそれに従う皇子あるいは臣下たちであろうと推測されている。だからこそ、やがては仏法が説く「諸行無常」の教えの通り、権勢をふるった蘇我氏も亡び、寺も焼失した。

いずれにしろ、この塔が日本美から遠く隔たったものだったことは想像に難くない。美は直輸入の様式からも、力への意志からも生まれることはないからである。

三　空海の三寺四塔

法隆寺の五重塔

それでは法隆寺はどうか。法隆寺には金堂・五重塔・中門などについて再建・非再建論争があったが、昭和十五年の発掘調査でほぼ再建が決定的になった。その再建理由については、伝統的には聖徳太子信仰によるとされているが、梅原猛氏は皇極二年（六四三）、蘇我入鹿による太子の子山背大兄王一家の殺害を契機に聖徳太子の怨霊を鎮めるための鎮魂の寺だと主張した(3)。

梅原氏の説は随所に創見を含み興味深い点も多いが、今は主題を外れるので詳論は避ける。いずれにせよ、法隆寺にあの飛鳥寺のようなむきだしの権力意志は現われていない。むしろ法隆寺は再建・非再建の如何にかかわらず、現存する日本最古の寺としてその美が一貫して称揚されている。例えば亀井勝一郎の『大和古寺風物誌』、和辻哲郎の『古寺巡礼』のように。

しかし多分、その唯一の欠点は均整のとれすぎた伽藍配置にあるであろう。五重塔も既に日本的な美を整えているが、この伽藍の中に置かれて欲をいえば破調の美は排除されている。

従って、この均整さには馬子流のむきだしな権力誇示とは異なった、おそらく梅原氏流にいえば藤原鎌足〜不比等〜武智麻呂・房前・宇合・麻呂の四兄弟へと続く新しい権力担い手の意志が反映していたのではないか。＊

その違いは、譬えていえば政党政治家のむきだしな権力欲と、高級官僚の冷徹な権力指向との相違の如きものである。法隆寺は確かに日本美の造出に向かって一歩を踏みだした。だが、見事な回廊に囲まれた整然たる伽藍と非の打ちどころのない金堂・五重塔などの建物には、むしろ冷えた権力意志を感じさせるものがある。一言でいえば、この寺には衆生のぬくもりがないのである。

＊　この四兄弟の父不比等こそ、藤原氏の権力独占を完成させた人物とされる。但しこの四人はいずれも天平九年（七三七）、天然痘の流行によって死去している。だがその子孫は、それぞれ南家・北家・式家・京家となって勢力を拡大した。中でも平安時代になって、藤原氏覇権の中心になったのは北家である。

空海に至る塔の意味の変遷

ここにいう空海の「塔」とは、金剛峯寺の根本大塔（東塔）・西塔の二基、および京都の東寺と大和の室生寺の五重塔のことである。また彼の「塔」は、既に述べた役行者の「橋」・行基の「道」を象徴的に総合する意味も持っている。

それでは飛鳥から奈良時代を通って空海の寺・塔を含む平安時代にかけて、寺院の伽藍構成や塔の意味についてどのような変遷があったのか、その要点をまとめておこう。

（1）東大寺の大仏開眼は天平勝宝四年（七五二）だったが、その後大仏殿を含む壮大な伽藍は着々と建立されていった。その伽藍配置で、現在は存在しない左右二基の七重塔が中門の外に置かれていた。西塔は大仏開眼の頃、東塔はおよそ十二年後の建立とされている。高さは東塔が約九四メートル、西塔が約百メートルはあったといわれている。正に「恐ろしいほどの高さ」、この双塔は「奈良のどこからも見はるかすことができ、人々に大仏の威徳と仏法の理想を伝える」ものとなっていたという。[4] それはまた国家の威信の表現でもあった。

仏教に即していえば、その形成と共に始まった仏舎利への崇拝は、かつて実在した釈迦という人格への尊崇に基づいていた。舎利は釈迦の身体の一部として礼拝の対象となったのである。このような意味での仏は、いわゆる三身論（応身・法身・報身）の中での応身という。

しかし大乗思想の深化と共に仏は抽象・普遍化されて、永遠不変の法を悟った法身《ほっしん》とみなされる。東大寺本尊の盧舎那仏や、真言密教が本尊とする大日如来は法身仏である。ここでは、暗黙の内に仏舎利信仰の意義が変化しており、それが伽藍における塔の位置づけをも変えている。
なお報身とは衆生済度をめざす菩薩の姿とされる。従って、阿弥陀への他力本願と菩薩信仰を中心におく浄土真宗では塔を建てない。

（2）空海はこの変化にさらに一歩を進めた。彼が創案したといわれる金剛峯寺の諸塔は多宝塔形式と呼ばれる。金剛峯寺に空海当時創建された建物は現存していないが、古図が示す最初の大塔は高さ十六丈（四八メートル）あったという。

勿論、この変化には理由があった。従来の五重塔では中心に心柱が据えられ、それが仏舎利を収める基底にまで通っている。これでは内陣の中央に本尊の大日如来を置くことができない。そこで心柱は一層の天井に立て、上部構造は内陣をとりまく四天柱で支え初層の空間を広くとる多宝塔形式が生まれた。ここでは応身《おうじん》から法身へという仏観念の変化と、建築様式・建築構造の変化が対応している。やがては五重塔でも心柱が基底に達していない形式が採用されてゆく。建築の構造や技術を導くのも人間の観念、つまり信仰なのである。

但し東寺の場合はもともと既存の寺院を空海が下賜されたものだから、その伽藍配置も奈良仏教の形式を踏襲しており、密教的配置にはなっていない。五重塔も心柱が初層まで通っており、大日如来は置かれていない。おそらくは心柱、あるいは塔そのものを大日とみなすことで、この問題を回避したのではないかとされている。

（3）室生寺は天武十年（六八一）、天武天皇の勅願により役行者が創建したと伝えられる。空海が生まれる百年近く前のことで彼と直接の関係はない。その後は興福寺の末寺となっていた。堂塔の建設も興福寺の僧によって行なわれ、従って様式も興福寺流になっている。

ただ天長元年（八二四）、空海が来山して真言道場としたので、これがやがて室生寺五重塔は空海が一夜にして建てたという伝説を生んだのであろう。この塔の比類なき美しさと小ささ（高さ一六・一メートル、屋外の塔としては最も小さい）が、この伝説の元になっていると思われる。江戸時代になると、五代将軍綱吉の生母桂昌院が帰依し、また早くから女性の参詣を認めていたので「女人高野」の名で親しまれるようになった。民衆の間では室生寺と空海とは切り離せないものとなっていた。

一九九八年九月二十二日、室生寺の五重塔は台風によって傍らの杉の大木が倒れかかり大きな損傷を受けた。樹齢六百五十年、直径一・五メートル、高さ四五メートルの巨木だった。それから二年余り、文化財保存技術者の松田敏行氏を中心に修復工事が行なわれ、このためかえって塔の構造や素材、技術の詳細が分かることとなった。この点は、後に松田氏の著書を基に再び取り上げる。

しかし室生寺が前述のようにさまざまな伝説に包まれているのは、堂塔・伽藍が美しく、親しみやすいからである。民衆が作りだす伝説は美しいものを指向している。ここで空海との関係が実際には薄いにもかかわらず室生寺を取り上げるのは、それがわれわれの愛着してやまない日本美の一つの典型となっているからである。ここには単に個々の建物の美しさだけでなく、山岳寺院に特有の自然環境との調和がある。

写真家土門拳は何十回となく室生寺を訪ねていた。一九七八年の冬にも写真集『女人高野室生寺』で雪の室生寺を撮るため、療養を兼ねて病院に泊まりながら雪の降るのを待った。待つこと二十日余り。雪は降らない。宿屋に戻って三日目、ついに三月十二日になって雪が降った。土門と宿の人たちは手を取り合って泣いたという。何年も待ち焦がれていた雪だった。この傑作写真集はこうして生まれた(二〇〇〇年二月十五日、朝日新聞夕刊)。

また彼は近隣の室生村を訪ねて、この地は「日本の桃源郷だ」といった。矢内原伊作はこの言葉を承けて「むろんこの桃源郷は、何百年にわたって村の人々は寺を守り、また寺によって守られてきた。……こうして村と一体になっている点にも、奈良や京都の諸寺院と異なる室生寺の魅力ある特色の一つがあるのだろう」と述べている。このように人々の信仰と愛着に囲まれて千二百年の時を経ていることも、室生寺の美を考える上での切り離せない要件である(矢内原伊作『室生寺』一九六四年、淡交社)。

これは先に回廊に囲まれた法隆寺について述べたこととちょうど反対で、ここには昔も今も寺を囲んで衆生がいる。これは五重塔をめぐって美と技術の接点を探る一例となるかもしれない。

この点は過去の文化遺産を考える上でも、新たに文化施設を造る場合にもこれまでは無視され、あるいは欠落したままの重要な要件の一つであると思う。現代にはそれが欠落しているからこそ、頭の上を高速道路が通る隣に平気で国立劇場やオペラハウスを造ることになるのである。

実に五重塔は現存する貴重な歴史遺産であるばかりか、多くの塔がそれぞれの美を湛えており、しかも塔のある風景は独特な景観美を映しだしている。では、五重塔における美はどのように表現されているか、それを支える建築構造と技術上の特徴とは何か。これらの点を次節以下で考えてみたい。

四　五重塔における日本の美

現存する五重塔は、近世以前のもので法隆寺・室生寺・醍醐寺・東寺（教王護国寺）・興福寺・元興寺極楽坊・海住山寺・明王院・羽黒山・瑠璃光寺・海龍王寺（以上国宝）など二十二基にのぼっている。上記十一寺の他は重要文化財である。また仏塔には多宝塔・三重塔・その他の形式の塔があり、その中にも多くの国宝・重文のものがある。今は特に五重塔を念頭において考えを進めてみよう。

軒反りの美

宮大工の松浦昭次氏は、日本建築の美しさは軒反りにあるという[5]。五重塔においては特にそうである。日本の塔が大陸や半島の塔に比べて軒が長いのは、雨の多い日本の気候・風土に由来するといわれているが、美的な面においても比較を絶したその特色となっている。

五重塔全体の景観からいっても、五つの軒の張出し方の調和によって、それぞれの塔の個性が現

室生寺の修復なった五重塔

（飛鳥園提供）

われてくる。例えば、法隆寺五重塔のいかにも均整のとれた端正さは、五つの軒に裳階《もこし》を加えた六つの屋根が絶妙な比率で構成されているからである。五重の柱間寸法も初重の丁度半分となっており、単純明快な比率で安定したプロポーションを持っている。これに対して、興福寺の塔の豪壮さは軒の張出しがほとんど直線的になっているからであろう。個々の軒の反り具合と五つの軒の張出しのバランスが、ほとんど塔全体の印象を決定づける。

室生寺の美しさも、松田氏によれば建立当初は軒の「出」も今より小さく、しかも板葺きであった。それがおよそ七百年後の室町時代に「こけら葺き」となり、さらに二百年後の江戸中期になって檜皮葺きに変わった。「屋根の曲線とか柔らかさというのは、檜皮に勝るものはありません。……屋根を変えることでここまで美しい姿を作ったセンスはたいしたものだと思いませんか」と述べている。(6)


塔とは、いうまでもなく高さを強調した建物である。平坦な土地が広がるヨーロッパその他の大陸で、塔が専ら高さを競ったのも理解できない訳ではない。塔の高さは、そのまま文明の達成度を物語っていたであろう。アメリカの超高層ビルは正にみずからの富と力を誇示するものであった。

このことは現代にも当てはまる。現代日本の大都会でアメリカ流の超高層ビルが林立するのも、戦後日本の経済力を誇示しようという欲求が根底にある。しかしそれでは、どこまで行っても模倣の観を拭うことはできない。経済力では、未だアメリカの比ではないからである。だからそれをデザインで補おうとすると、ちょうど東京の副都心・新宿にある東京都庁ビルのように発注者と建築家の権力指向をそのまま形に現わしたようにグロテスクな建物を残すことになる。これは、昔でいえば権力欲をむきだしにした蘇我馬子の塔の段階である。

当代に権勢を誇る者は、どうしても高い塔を建てたがる。それが、良かれ悪しかれその時代の文明成熟度を表示することになる。かつて焼失して再建されていない東大寺の二つの塔も、今思うとなくて良かったという気がする。高さは法隆寺五重塔の倍以上、面積は十倍になるだろうという。

それがもしあったら、東大寺も権勢誇示の欲求を一層露骨に現わすことになったのではないか。私は和辻哲郎が『古寺巡礼』で、東大寺を離れる際に僧兵を研究していた知人の言葉を書きつけていたのを忘れることができない。「日本人は堕落しやすい。」東大寺は興福寺と共に治承四年（一一八〇）、平家軍の攻撃を受けて大仏殿を含むほとんどの建物が焼失した。しかしこれは平家の蛮行をいう前に、仏寺に弓箭を蓄え、僧兵を跋扈させて権勢をふるったこれら大寺院が自ら招いた結果であった。

このように、古代から現代まで、塔の持つさまざまな運命を考え合わせる時、室生寺五重塔の美しさ、好ましさが一層際立つように思われる。美しさが世俗の権勢欲を拒否している。小ささが好ましさをさらに引き立てている。

タテ軸の聖・ヨコ軸の美

世界中の神話で、神はしばしば天上にあると考えられている。「聖」なるものは上方、タテ軸の延長線上にある。日本の神話でも、天津神の支配構造は垂直的だった。これはそのまま社会の身分秩序を反映している。

従って上下関係・垂直構造が支配的な価値体系の下で、ヨコ的なものは多く好ましからざるものとみなされた。言葉にもそれは現われている。ヨコの付く悪い意味の言葉は容易に挙げることができる。横暴・横柄・横着・横領・横死、横縞・横道・横車、等々である。これらのヨコは結局、タテ型秩序の頂点にある「聖」なるものを無視、あるいは否定しているからである。

他方、美はヨコ軸関係にある。日本にも巨木信仰の如きものはあったが、一般に日本人が木の美しさを愛でるのは枝ぶりであって、木の高さではない。山についても、欧米的価値観では専ら山の高さを云々するが、富士山が讃えられるのは必ずしもその高さではなく、裾野を長くひく山容の美しさにある。だから各地に○○富士というように、山型の好ましさを現わす言葉が生まれている。

これは、日本人の信仰形態とも関連している。西方浄土とは太陽が地平線に接する落日の美を観照することから生まれた想念であろう。観音信仰としての補陀落《ふだらく》の地を水平線の彼方に想定するのも、ヨコ軸の先に善美の世界を思い描くからである。

タテの上下関係によって構築されていた支配的価値体系の中で、日本では仏教、とりわけ大乗仏教の弘布によってヨコ軸的価値が確立した。衆生の発見によってである。「一切衆生悉有仏性」、「一切衆生悉皆平等」(『涅槃経』)。ここに、日本では初めて衆生平等の観念が導入された。

百人一首には平安時代末期、天台座主となった慈円の和歌「おほけなく憂き世の民におおふかな我が立つ杣に墨染の袖」を入れている。元は『千載和歌集』にあり、おおらかに自らの信仰を歌った名歌とされている。「我が立つ杣」とは、伝教大師最澄の「我が立つ杣に冥加あらせ給へ」の歌から叡山の代名詞となっていた。比叡の山頂からは遠く京の町が一望できる。我が祈りがあまねく一切衆生の巷を吹きわたれかしとの意である。慈円の視線は遙に京の町にまで伸びて、ここにタテ軸の信仰とヨコ軸の祈りとが見事に交差している。

日本の五重塔はタテに伸びる塔身にヨコに張り出す軒の美しさを加えて、他国の塔には求めがたい日本美を構築した。しかしこの建物には、美を具体化する技術的な裏付けがあった。どのような技術がその美を保証したのであろうか。

五　美と技術の接点

幸田露伴の『五重塔』では、大工の「のっそり半兵衛」が建てた東京谷中の感応寺五重塔を建立直後に大暴風が襲う。「さしも堅固の塔なれど虚空に高く聳えたれば、どうどうどつと風の来る度ゆらめき動きて、荒浪の上に揉まるる棚なし小舟のあはや傾覆《くつがえ》らむ風情」。この大暴風雨の描写は鮮烈であり、この作、白眉の情景となっている。

五重塔は倒れない

この「風の来る度ゆらめき動きて」との描写は事実だった。奈良薬師寺の東塔は創建以来のものだが、西塔は享禄元年（一五二八）に焼けた後、昭和五十六年（一九八一）に再建された。この復元をおこなった宮大工の西岡常一はいう。「建物は見るとがっしりしているようですが、でき上がっていくうちに隅木《すみぎ》の端を手でがっと押すと、ゆうらゆうら動くのです」。手で押しても動く。さらに地震の時、法隆寺の五重塔を下から見上げると「初重がこう右に傾けば二重が左に傾く。三重は右に傾く。たがいちがい、たがいちがいに波をうつようになった」。つまりスネーク・ダンスであり、十兵衛の五重塔と同じである。世界の建築にこのような建物はない。「これは驚くべき建物である[7]」。

明治初期、後に東大教授となる辰野金吾はイギリスに留学し、むこうの教授から日本にはどんな建築があるのかと尋ねられて一言も答えられなかった。彼は日本の建築など全く知らず、法隆寺の名前さえ知らなかったという。辰野は大いに恥じいり、帰国後は日本建築の研究に励んだ。日本銀行旧館・東京駅などは彼の作品である[8]。

＊

＊　しかしこれは、一人辰野だけの話ではないであろう。彼は嘉永七年（一八五四）の生まれだから、明治三～四年（一八七〇～七一）の排仏毀釈運動の絶頂期は丁度ハイティーンで、意識せずとも時代思潮に最も敏感な年頃にあたる。日本の建築、とりわけ仏閣・仏塔など知るに値するものとはみなされていなかった。

若干の例を挙げれば、その頃、京都では小学校の新築に付近の石地蔵を集めて土台や便所の踏み台とした。子供たちがそこで用をたすのに躊躇するので、教師は自ら石地蔵を踏んで用をたし、率先して子供たちに範を垂れたという。奈良では弥三郎という者が興福寺・五重塔を二五〇円で、同・三重塔を三〇円で買い取り、壊すのは費用がかかるから焼き払って残る金具を集めようとした。この企ては付近住民が類焼を恐れて反対し、辛うじて中止となり五重塔・三重塔は残ることとなったが、諸大寺の什器・経巻などは次々に持ち出され売り払われた[9]。

この排仏毀釈運動も民衆を巻き込んだ一時の狂熱だった。その結果、仏教は自立性を失って無力化し、逆に国家神道の体制が整えられることとなった。あの和辻の言葉は治承の昔話だったが、ここでもそれは繰り返され、さらに戦後のバブル期には列島改造などという別な形でより大規模な文化財の破却がおこなわれている。

吊り下げられている心柱

普通、五重塔は建物の中心を通る太い心柱が支えていると思われている。だがその心柱は五重の屋根の上に立つ「相輪」を支えているに過ぎず、建物の構造とは関係がない。初期の塔、例えば法隆寺の五重塔の心柱は掘建柱だった。しかしこれでは根本がすぐ腐ってしまう。こうして次第に心柱は初重天井の梁の上に立てられ、中には吊り下げられただけの塔が現われる。

その理由は、(1)日本の塔が次第に仏舎利信仰から脱却していったこと。地下に仏舎利を埋める発想から抜け出て、塔はそれ自体の美を追求できることになる。(2)心柱が初重の天井までだと、その下の空間が広がり本尊を塔の中心部に安置できること。既に述べたように、空海が企画した高野山・金剛峯寺の大塔は中央に大日如来を据えている。(3)さらに木材は年月が経つと縮み、それは相輪を支えるだけの心柱に比して重量の懸かっている塔身部の沈下が大きく、結果として心柱と五重天井の間に隙間が生じこれが雨漏りの原因になる。心柱が吊られていれば、建物全体の沈下率は同一となり隙間が生じない。(4)最後に宙に吊られた心柱は塔を建ちあげる途中でいつでも垂直線を確認できる。塔身の傾きを修正する目安となること、などが挙げられている。

こうして心柱は建物を支える役割から完全に解放された。では、なぜ塔の部材の中で最も太く、立派な心柱を構造的に利用しないのか。一つには、そこに「天の御柱」以来の日本人の柱信仰があるであろう。柱は神聖なものであり、五重塔の心柱はなんらの彩色や彫刻をほどこさない素材のまま使われている点とも関係していよう。日本人にとっては白木こそが神聖なものなのである。別な角度から考えれば、心柱はたとえ仏舎利とは関係がなくとも、柱自体を仏身とみなすことができる。

塔の重さを支えているのは、心柱を取り巻いている四天柱とその外側の側柱であり、これらの柱は横材によって組みあげられている。この組物は決して心柱と触れることがない。このことは各重ともそうであり、五重塔はいわば五つの箱を積み上げたような建造物であり、もし巨大な力があったとすると、五つの箱はそれぞれ取り外すことができるといわれる。心柱は塔の構造とは関係がない。むしろ本来が神聖であり精神的な心柱を、われわれの祖先は「構造などという、形而下学的便宜のために使おうというはしたない考え」は持たなかったという指摘は興味深い。これこそが地震でも倒れない、しかも世界に比類ない美しさを生んでいるとすれば、ここには近代合理主義をこえる信仰と技術の一つの接点がある(10)。

室生寺の森と檜と塔

空海と室生寺を結ぶものは伝説以外にない。では、この伝説は無視すべきだろうか？　私はそうは思わない。室生寺は余りに美しい。とりわけ五重塔は日本美の極致である。従って、その創建者は是非とも空海であってほしかった。空海ならこの美しさにふさわしいと思われた。これは時代を超えた無量の民衆の願望であり、伝説はその願いを反映していた。

前掲した松田氏の著作で最も感銘が深いのは、室生寺周辺の森が数百年かけて檜の大木を育み、その檜が素材を提供し、それを匠たちの優れた技術が美しい塔に仕上げてゆく経緯にある。この森・檜・素材そして匠たちの技術、その成果としての室生寺五重塔。この繋がりを実証的に解明することはできない。人々が、この眼に見えない繋がりを伝説に委ねて納得したとしても不思議ではなかった。

室生寺の塔は台風による被害をうけて、かえってその構造の詳細が分かった。松田氏は小さな塔は強度の点では不利になるという。大きな塔ほど太い柱が使えて強い構造にしやすいからである。この不利を補うため、さまざまな工夫がなされた。室生寺の塔は、法隆寺の塔が上にゆくほど小さくなるのに、五層の逓減率が低い。構造を重視したためであるという。また心柱は千二百年前のものが、明治の修理で最上部を取り替えただけでそのまま使われていた。「それでも当初の心柱が明治まで保ったのですから凄いものですわ。」その他の「柱」は、特に全体の重量を受ける初重で普通の塔に比べて三割から四割増しの太さになっている。四天柱、側柱の直径は二八センチあり、これは倍近い高さの塔に見合うものである。

さらに各層の柱がいずれも短くなっている。太い柱を短くすることで強度がさらに増す。柱を短くした分の高さは、それらの上部に載る「斗栱《ときょう》」という組み物を高くして補っている。「柱を短くすると、ずんぐりした印象を与えがちなのですが、（この塔は）女人高野にふさわしく、実にすっきりした姿になっている。」「柱を短くし、斗栱を高くして、塔が小さいという不利を打ち消して、充分な強度を確保するとともに、逆にそれを長所にしてしまっている。」

しかも素材としての「ヒノキ」は、「塔を守っている森から切り出したものと考えて間違いないと思います。……みんな自然に育ったヒノキでした。」

「ヒノキは、痩せた土地のほうがいいものができます。」肥えた土地で栄養をたっぷりとった木は、ぶくぶく太って年輪が荒くなって良いヒノキにはならない。痩せた岩山で、強い風にもまれながら育った木は、年輪がしっかりとつまって強い木になる。しかも種から育った「実生《みしょう》」が一番よい。「風に乗ってどこからか飛んできたヒノキの種が地面に落ちて、芽を出し、葉を出し、誰に助けられるでもなく、痩せた土地で必死に年を重ねて、六百年もすればため息をつきたくなるほど立派なヒノキができる。そういう木を使えば建物もいいものができます。」

ここまで来るともはや建物の話ではなく、なにやら人生論・教育論の趣すら感じられるのではないか。

結局、室生寺の「五重塔も、あの森から切り出したヒノキでできています。その後の修理も用材はまわりの森から調達している。……室生寺五重塔は森に守られ、森とともに生きてきたのです。森と塔とが一体になっている。あの森のおかげで塔が成り立っているると言ってもいいくらいです。森と塔が合体して、あの場所に根づいている。あの森と五重塔はひとつのものなのです(11)」。

われわれは、例えば法隆寺の塔は創建以来千三百年、室生寺の塔は千二百年などといってそれで納得しているが、もしそこに使われたヒノキが樹齢六百年、千年のものだったとしたら、そこに込められた命の歳月は実は遙に長いものだったことになる。

宮大工の棟梁西岡常一は薬師寺西塔の建設に当たって「千年生きよった木は、切ってから千年まだ生きよる」と述べた。歴史が自然に溶けこむ恐ろしいほどの深み。五重塔は人と自然と歴史の命を包みながら、正に日本美の象徴としてそこに立っている。＊

＊ 西岡棟梁は法輪寺三重塔の再建にたずさわった時も、補強に鉄材を入れようという意見に対して「そんなことをしたら、ヒノキが泣きよります……。ヒノキには、鉄より長いいのちがありますのや」と述べて、一歩も譲らなかったという。薬師寺西塔の建築に当たっても、木の使い方について述べている（青山茂氏との対談）。

西岡「原木で見ると、一本の木でも節の多いほうと少ない方とありますわな。節の多いほうが陽おもて、陽おもてのほうが木がかたい。柱にしましても陽おもてをそのまま持ってきて陽おもてに立てておく。山で生えておった南側のものは、塔に使う場合にも南側に使うということです。」

青山「西岡さんの主張でいうと、用材になってもヒノキは生きとんねん、ということちゃさかいねえ。……棟梁の考えは〝千年生きよった木は、切ってから千年まだ生きよんねん〟ということやから……。」

西岡「そうそう、生えてあったとおりに使う。そうすれば、おさまりがええ。くるいが少ない。……自然のままが一番正しいのとちがいまっか。人間それ自身が大自然の恵みのなかに生かされているのやからなあ……[12]。」

第六章　満農池築堤の信仰・労働・技術

空海は仏道修行を山林修業僧から始めたことによって役行者、行基の道統を継いだ。その反面で、留学僧でもあったことで南都仏教、例えば道慈・道昭の伝統も受け継いでいる。山林修行の「空」と留学の「海」。その名の通り、彼の人格はこの二つの側面の統合にあった。統合は具体的な事業として示されている。

一　空海、行基の「道」を継ぐ

行基伝説の広がり

「道」の人行基にふさわしく、彼の伝説はほとんど全国にわたっている。行基が堂塔を建て本尊を安置したという寺院は、北は北海道から南は大分・宮崎にまでおよび、その総数は千四百ヵ寺にのぼるという。関東の坂東三十四札所もその開創者として行基の名をあげている。実際に行基が北海道・九州はもとより関東にも行脚したことはないから、これは伝説上の話である。あるいは彼の弟子たちが全国に散らばって、所々に行基の名において寺院を創設したのかもしれない。

通常、四国八十八ヵ所の札所寺院はほとんどは弘法大師空海が開創したという縁起を持っているが、第三十番札所竹林寺は聖武天皇の夢告によって行基が文殊菩薩像を安置した所とされている。その他の札所寺院にも行基の名を止めているものがあり、行基伝説の広さ深さを伝えている。[1]

温泉や井戸の掘削にも行基の名を伝えるものは多い。それは空海伝説にも共通する。弘法大師と関係づけた彫刻・筆画・植物（例えば弘法芋、弘法栗、弘法蕨その他、桃・柿・小豆・大根・松・杉・桜等々）・岩石・動物（犬・亀・蛙・もぐら・蛇など）は多種多彩を極めるが、中でも「弘法水の伝説は、弘法大師伝説の中では特に多い」。水はさまざまな形でその土地での生活と直接関係するから、感謝と畏敬の念を込めてこれら高僧の名が冠せられるのである。[2]

伝説上、時を経るにつれて最初の行基伝説が空海伝説に置き換えられてゆくものも少なくなかったと思われる。それは行基がある宗派を作ることはなかったが、空海は真言宗という一大宗派の開祖となり、とりわけ平安中期以降に活躍した高野聖の唱導による所が大きかったであろう。[3]

先行した行基伝説は、時の経過と共に空海伝説と習合し、あるいはその中に吸収されていったのではないか。

空海と行基伝説の習合

行基と空海を結びつける伝承はさまざまにあるが、『遺告諸弟子等』（前掲『沙門空海』五九ページ）には播磨の国を行脚していた空海が一夜の宿をとった際に、その屋の老婆から告げられた話を載せている。それによると「妾、もとは行基菩薩の弟子、未だ出家せざる時の妻なり」と語り、その夫が遺言で「吾れ入滅の後、某の年月日、菩薩、来りて汝が宅に宿すべし云々」と言い残したという。「指を屈してみるに、すでに今日に当れり。」つまり、この行基の弟子は空海の来るを予言していたことになる。

おそらくこの話も、昔は多くの人が信じていた生まれ変わり伝説の変形であろう。空海はさまざまな人、例えば不空三蔵の生まれ変わりという類の伝説に包まれていた。ただし行基は当時の人にはまだ身近に感じられる人だっただけに、形を変えて予言という伝説になったのではないか。

しかしこのような伝説以外に、行基と空海に親近性を感じさせるのは現実の事業であった。行基の狭山池の改修工事と空海の満農池の築堤工事。しかもこの事業は、二人が単に傑出した仏僧だったというに止まらず、正に信仰と労働と技術を一体のものとして統合する「全人」であったことを示している。日本の全歴史を通じても稀な人物が踵を接して現われたところに、行基と空海の伝説が習合する理由があった。

行基による狭山池改修工事

このテーマは本来、行基を論じた箇所で述べるべきものだが、空海の事業との親近性を際立たせるためここに回した。

今、大阪狭山市には壮大な府立狭山池博物館があり、池の周辺は自然公園風の整備が進んでいる。もともと現代の狭山池改修工事は、一九八二年の洪水被害を受けて西除川流域の治水対策から始まった。その中心部に豪壮な博物館が建っている。

歴史を遡れば、この地域の治水事業は古代より受け継がれてきたものだった。『日本書紀』崇神天皇六十二年七月の条には「農は天下の大きなる本なり。……今、河内の狭山の埴田水少なし。是を以て、其れ多に池溝を開りて、民の業を寛めよ」とあって、早くから狭山池の造成が大きな課題だったことを伝えている。その後も、歴史は住民の苦難と苦闘を刻んできた。

では、行基やその信徒たちが求めていたのは何だったのか？　治水と灌漑である。古墳時代の後期、つまり七世紀の前半頃は西日本一帯で洪水が多発した時代だったといわれている。また八世紀に入ると、近畿一帯には旱魃の被害が多かったように思われる。しかし多分気象・気候の歴史では、あちらは洪水、こちらは旱魃と画然とした区分けもできないだろう。たとえば農業にとって旱魃の被害は大きいが、そのような季節にも時として集中豪雨によって洪水の災害はおこるだろう。

こうして治水と灌漑のための対策は、どの時代にも最大の課題となっていた。古墳時代でさえ仁徳天皇陵をはじめ、今も河内に残る巨大な古墳も単なる墳墓ではなく、満々たる水をたたえた環濠は下流に水を供給するための樋《ひ》を備えた貯水池だったといわれている。そうだとすると、しばしば強大な権力の象徴と見なされてきた巨大な天皇陵も、同時に治水・灌漑への実利的配慮を兼ね備えたものとして造られたのかもしれない。

行基は天平三年（七三一）に狭山池を改修した。『続日本紀』によると翌天平四年には、大和国で六月に大旱「百川減水、五穀稍凋」とあり、八月には大風雨「壊百姓廬・仏寺堂塔」とされ、少雨と大雨がこもごもに襲来していたことが分かる。おそらく同じように不順な気候はその前後にわたって続いていたと思われるから、行基の狭山池改修は緊急工事の意味を持っていた。

ここでも、先ず行基が着手した。「知識」を主体とした彼の事業には、官僚的な国家事業にない即応性があった。なお、その後の狭山池の改修工事では単功（延べ人数）八万三千人の労働力が動員されたとある。狭山池工事がいかに大規模なものだったかを窺うことができる。(4)

天平四年には、政府が狭山下池を造成している（『続日本紀』十二月十七日の条）。下池の存在は今も確証されていないが、狭山池の増強工事だったであろう。行基の先見性はここにも示されていた。

池溝開発の技術と労働

行基は、狭山池以外にも久米田池・昆陽池など多くの用水池を開発もしくは改修している。『行基年譜』によれば、計十五カ所の池名が記載されている。

この時期には、国家も治水・灌漑事業には力を注いでいた。従って新しい技術が開発され、あるいは大陸から移入されていた。『続日本紀』にいう「解工使」とは、土木技術を担当する技術官僚だったと思われる。

なお、中央官庁では地方の治水・用水事業を視察・監督・調整するため解工使以外にもさまざまな使節団を派遣している。造池使・築堤使・修理堰使・検水害堤使・問民苦使などである。

問民苦使《もみくし》はその名の通り民衆の苦情を聞き、役人の不正を正すというタテマエで、後世には古代善政の現れとして賛嘆されていた（例えば『太平記』巻第三十五、「北野通夜物語」）。もしこれを英語に訳せば"tribune"だろうか。

これら使節の中には、天平十三年の藤原仲麻呂や延暦四年の和気清麻呂のような高官も入っている。

技術的には、度樋作成の技術がこの時代を特徴づけるものだったとされている。また、各所に樋を設けて溝を連結しながら長距離の用水路を造る技術は「機術」と呼ばれ、それに長ずる者は顕彰されたともいう。さらに、現場には「工人」・「水工」と呼ばれる池溝工事に練達の技術者・労働者もいた。

用水池には堤防が築かれる。狭山池は上流からの水を谷が最も狭くなった所でせきとめる堤防が造られたが、発掘で分かったのは最初の堤防の長さは約三〇〇メートル、高さは五・四メートルだった。行基の改修では、高さで六〇センチほど嵩上げされていることが確認された。貯水量の増加をめざしたものである(5)。

またこの堤には、当時の新技術と思われる「敷葉工法」が採られている。それは葉のついた木の枝を敷いて土を突き固めてゆく工法で、堤防の強度を高めるためのものであろう。この工法は中国では後漢の時代から行なわれていたという。多分、黄砂のように粘着力のない土質には有効だったのではないか。戦後の歴史書は、それが輸入技術だったことを強調しているが、それが有効であるか否かは土質の見極めによるであろう。

行基の狭山池と空海の満農池。この二つの事例は、仏教が祈禱や経典の解釈に止まらず信仰と労働と技術を統合した壮大な事業としても生きることを示した。後世の高僧たちにも、この二人に匹敵できる人物はほとんどいない。行基は空海の見事な先蹤だった。

二　満農池の歴史と環境

「ゆる抜き」

今も満農池では毎年六月、恒例の「ゆる抜き」が行なわれる。讃岐平野の田畑を潤す池の水を放出する行事であり、多くの人が池の周囲に集まる。広い堤防の上には屋台も出て、人々はゆる抜きの時を待つ。

満農池の所在は香川県仲多度郡満農町。明治二年（一八六九）の大修築以来、数度の修理を経て現在の堤防の高さ三二メートル、周囲二一キロ、貯水量一五四〇万トン、湛水面積一三五・五ヘクタール、有効水深二一メートルの溜池としては日本一の大湖である。南には四国山脈が連なり、周囲の山々の緑は広い湖面に映えて、景観の美しさも人を魅了しておかない。

「ゆる抜き」の行事は堤防の東端にある神野神社で豊作を祈念する神事から始まる。祭神は天穂

満濃池全景

日命・別雷命・罔象女命《みづはのめのみこと》・嵯峨天皇など。嵯峨天皇は空海がこの地に派遣された時の天皇であり、その縁故をもって奉斎された（神野神社所蔵の文書による）。

神事が終わると、神職を先頭に参列者は池につき出た配水塔に移り、水門のバルブをあける。水は堤防の下部にある放水口から勢いよく流れ出し、急坂を讃岐平野へ駆け下ってゆく。「ゆる抜き」である。水はその後一週間、毎秒五トンの放水で丸亀・善通寺など二市三町の水田三〇〇〇ヘクタールを潤すという（四国新聞一九九九年六月十五日、この年のゆる抜きは六月十三日だった）。

満農池の風土と伝説

この地域は昔から旱魃・洪水という両面の被害に悩まされていた。『大師御行状集記』はいう「当郡は是れ晴天、五日を経れば水渋の潤ひなし。霖雨、両日に及べば洪水の難あり」。晴れの日が五日も続けば水が足りなくなり、雨が二日も降れば洪水の恐れがあるとの記述はよくこの地方の特性を示している。

満農池（万農池ともいう）の地は、文武天皇の大宝元年（七〇一）に堤を築き、池になったとされる。それ以前にはこの谷間の地に人が住み、村と社、それに「真名井」と呼ぶ泉があったという。人々の生活を支える泉であったろう。ここを貯水池にすることとなって、人々は移住し、丘の上に神社が創建された。神野神社が祭神の一つとして祀る罔象女神、和名「みずはのめのみこと」は、もともと真名井のほとりに祀られていた水の神ではなかったか。罔象とは川の精・水の神を指しているからである。人々は水の恵みを感謝すると共に、水の威力に畏怖を感じていた。古くからの人々のこのような信仰は、後に空海が満農池の築造に携わることとなる隠れた理由にもなっている。

讃岐平野には肥沃な平地が広がり、古来、水田耕作が盛んに行なわれていた。温和な気候と平坦な土地が早くから稲作農業を発達させた。ただ左記二つの理由から、治水対策がとりわけ重要であった。このため香川県内には古代から多くの溜池が造られており、昭和四十五年の香川県溜池台帳に登録された数は一万八六二〇となり、奈良県に次ぐ全国第二位であるという。満農池はその中の最大の溜池である（『香川県史』第一巻、一九八八年、七三二ページ）。

一般にこの地域はいわゆる瀬戸内寡雨圏に入り、降雨量が少ないとされている。しかし年平均の降水量では、讃岐西部の海岸地帯では札幌に近い一〇〇〇～一二〇〇ミリ、阿讃山地では東京や京都に近い一四〇〇～一六〇〇ミリと格別少ないわけではない。しかし年度による差異、各地域ごとの違い、それに盛夏と冬に極端に雨が少なくなるなどの特徴はあるようである（前掲『県史』四六ページ）。

それ以上に治水上問題なのは地勢であろう。標高一〇〇〇メートル級の讃岐山脈から瀬戸内海までの距離は長いところでも三〇キロ前後で、山に降った雨は急勾配の川を一気に海へ流れ落ちてしまう。これが洪水対策としても灌漑用水確保の点からも、多くの溜池が造られた理由となっている。

国営工事の今昔

こうして満農池は八世紀に池として造成されて以来、繰り返し修築と決壊を繰り返していたが、中には人災といえる災害もあった。『今昔物語』巻第三十一「讃岐国満農池クヅシタル国司ノコト」第三十二話には、年代不詳ながら空海の築堤工事以後の話としてある讃岐国司の所業を記している。

満農池は弘法大師の工事以来、崩れることもなく多くの田がこの池に助けられて「国ノ人皆喜ビ合ヘル事カギリナシ」とあり、満々たる水は池の魚を増やしていった。ところが時の国司がこのことを知るや、その魚を一人占めしようとする。網を下ろしても池が深すぎて獲れない。そこで彼は堤に穴を開け、水を抜いて魚を獲った。やがてこの穴は次第に大きくなり、ついに大雨の時に堤防は決壊、人々は家を失い、田畑は破壊される大災害となった。この国の人は後々までこの国司のことを憎み、謗ったという。

この他にも『今昔物語』はけっこう役人の不正・強欲ぶりを伝えている。有名なのは巻第二十八「信濃守藤原陳忠、御坂ニ落チイリタル事」第三十八話である。陳忠は任を終えて帰国の途中、山路で馬もろとも谷底に転げ落ちる。従者たちが驚き騒ぐうちに、下から駕篭を下ろせという声が聞こえる。駕篭をつり下げると、平茸が詰まっていた。もう一度駕篭を下ろすと、今度は陳忠が上がってきた。彼は従者たちにいった。「受領《ジュリヨウ》ハ倒ル所ニ土ヲ摑メ」折角の平茸を見逃すことはない、と。聞く者は表面感服した態で、内心は皆その強欲ぶりを嘲った。どんな場合でも役得は見逃すな、転んでも只は起きないという話である。確かに類似の話はこの平安末期から現在まで、知事を始め地方首長などにも頻発しており、あの言葉は一種の名言となって今につたわっているから記載しておく価値は十分にあった。

たまたまこの讃岐の国司の名は欠字となっているが、空海の美挙とは対照的な役人のはたらく悪事の物語である。ただ、この国司は魚が食べたかっただけだが、今の公共工事ではしばしば鉄やコンクリートが食べられている。

三　空海の満農池築堤事業

国司ら、空海の派遣を奏請

空海が満農池の堤防修築工事を行なったのは弘仁十二年（八二一）である。しかし嵯峨天皇の弘仁年間の後半はとりわけ旱魃の天気が続いたようである。今、『大日本気象史料』を見ても弘仁七年（八一六）京都「大旱」、同九年京都「旱災」、同十年京都並諸国「大旱」、この年は「夏より雨降らず、諸国に害を被る者多し」。同十一年讃岐国「旱」、「これを賑給す」（『日本紀略』）とある。賑給とは災害の救済対策である。工事後の弘仁十三年（八二二）京都「大旱」、一年おいて年号の変わった天長元年（八二四）諸国「春、大旱」となっている。

特に弘仁九年から十一年にかけては全国的にも天候不良で、旱天が続く一方では長雨が止まず、満農池も何度か堤が「流破」している。中でも弘仁九年の決壊はこの地方一帯を泥土と化する大災害を招いたから、朝廷は築池使・路浜継を派遣して工事に当たらせた。しかしこの官営工事では「池大にして民少なく、築成未だ期せず」、つまり労働力を集めることができなくなっていた（『大師行状集記』）。相次ぐ災害で農民が疲弊していたこともあろう。それ以上に、官営事業の限界にも突き当たっていた。

この有り様を見て地元の有力者、郡司たちが動く。官営工事では駄目だ。本当に人を動かすのは制度ではなく、人々が心服して難事業に従事するリーダーが必要である。その「人」こそ空海だった。こうして彼らは国司や築池使の名で朝廷に空海の派遣を奏上する。

「讃岐国司解す　申し請ふ官裁の事
伝灯大法師位空海を築万農池別当に宛てんことを請ふ状」

である。地元民は熱望していた。空海派遣の費用はこちらで負担するとまでつけ加えているほどである。一種、官営事業に見切りをつけたことでもある。ではなぜ空海なのか。奏上文に見てみよう。

今、諸の郡司等云く、件の僧空海は郡下多度郡の人なり。行、離天に高く、声、弥天に冠たり。山中に座禅すれば、鳥巣《すく》ひ獣狎《な》る。海外に路《みち》を求めて虚しく往いて実ちて帰る。茲に因って道俗、風を欽び、民庶、景を望む。居れば即ち生徒、市を成し、出づれば即ち追従、雲の如し。今、久しく旧土を離れて常に京都に住す。百姓、恋慕すること、実に父母の如し。若し師の来たるを聞かば郡内の人衆、履《はきもの》を倒《さかしま》にして来り迎へざるはなし。請ふ別当に宛て、其の事を成さしめよ。

この上奏文には空海の派遣を請う理由が列挙されている。最初の理由は空海がこの地の出身者だということであり、地元民はみな彼のことを熟知している。次はその高徳であり、山中に座禅すれば鳥獣も近くに戯れ、海外に赴いては多くの実績を挙げて帰国した。こうして第三に多くの人々が彼の人柄を慕い、その住む所には人が集まって市を成すほどであり、外出すればつき従う人が雲の如くになる。しかし彼は長らく郷里を離れて京都にあり、もし帰郷すれば郷土の人は喜び迎えるであろう。どうか満農池築造の別当に任命していただきたい、というものであった。

工事の完成

朝廷はその請願に答えた。讃岐国司宛の太政官符（弘仁十二年五月二十七日付け）では空海に沙弥一人、童子四人をつけて讃岐へ送り、「供養料は正税を宛て用いよ。路次の国も亦宜しく承知し、食馬を宛て給して前処に送らしめよ。その使浜継等、早速京に入れ。符到らば、奉行せよ」。空海一行の経費には税金を当てる、途中の国々では食料や馬を用意し、築池使だった路浜継らは京都へ来て空海を讃岐へ送りとどける任務に就けというものであった。

こうして空海は六月十日ごろ讃岐へ着いたとされている。彼は先ず池畔に護摩壇を築いて工事の完成を祈り、次いで雲集した人々を率いて築堤工事に懸かった。これらの人々の大部分は空海の来訪を聞いて、自発的に参集した人たちであったろう。空海はこの大衆の意志をみごとに統合した。九月には京都へ戻っているから、浜継らが三年かけて出来なかった工事を三ヵ月たらずで完成させたことになる。(6)

一体、この工事にどれだけの人員が加わったのかは分からない。ただ参考として、この三十年後の仁寿二年（八五二）から四年にかけての満農池修復工事では参加した人夫延べ一万八〇〇〇人となっている。しかしこれは前後四回、あしかけ三年に渉る工事の総人員数だから、空海の三ヵ月の作業とは比較にならない。(7) それでも数千人、ことによると万に近い人が参加したであろう。朝廷への奏請文にある「若し師の来たるを聞かば……云々」という言葉が空言だったとは思えないからである。行基以来の「知識」への思いはここにも脈々として生きていた。

護摩壇の造成

空海が最初に護摩壇を造って工事の完成を祈ったことには、大きな意義があると思う。普通に考えれば宗教者として当然のことであろう。今でもビルや家屋建築の際には、まず神職が来て地鎮祭を行なう。それが慣例であり、いわば形通りの行事だからである。

私が最初に満農池を訪れた時は、まだ空海についてのはっきりとしたイメージを摑みかねていた。それまでに出ていた空海関係の書籍を、五里霧中で読みあさっている段階だった。満農池の畔には神野神社に向かって右側の高台に展望台がある。ここに立つと広大な池が一望できる。堤防の中程には小さな島が池に突き出している。もともとは神野神社の岩に繫がって護摩壇となり、しかも古い堤の一部だったという。現在は岩の大半が昭和五年に構築された堤防の下に隠されてしまっている。

ただこの景色を見た時、直観した。この島こそ、空海の信仰と労働と技術を統合した彼の事業そ

満濃池の護摩壇

のものの象徴ではないか、と。この時、エンジニア空海の骨子が固まった。およそそれまで、自分に空海を論ずることができるとは思えなかった。その伝記・信仰・思想・事業のすべてにわたって、これまでに先人・先学が論じていない分野はなかった。どこに、新たに論ずべき余地があろう。これは空海を考えはじめた最初からの印象だった。これまでのように敬して遠ざかるべきか、と思い続けていた。

しかも空海のように巨大な歴史上の人物について、史料や文献を蒐集するのにさして困難はない。難しいのはこちら側にあって、自分の視点をどこに、どのように定めるかにある。満農池の展望台は、その視点を

与えてくれたように感じられた。

では、この護摩壇をめぐって信仰と労働と技術が統合されているとはどういうことなのか。

一、空海が讃岐へ来るや、多くの人が彼のもとに集まった。その中には、ひたすらその風貌に接し、説法を聞き、共に祈りたいと念じた人も少なくなかったであろう。そうして満農池の護摩壇での祈禱は、おのずから工事に参加する人を募ることになる。その労働の質は、先ず自発的参加であること、次いでその作業が自己利益のみでなく万人の利益に繋がっていることを自覚する点で、官営事業に徴発された労働と全く異なったものとなる。信仰と労働は結合して、護摩壇がそれを象徴している。

二、さらにこの護摩壇の岩は池の内側にアーチ型に張り出して、堤防を補強する役割を担っている。このことは昭和二十八年の改修工事の際にも確認された。土地の古老は、この原型が空海の築堤設計にあると言い伝えているとのことである。(8) 当然、空海には土木工事の設計と技術について高度の知識があったものと思われる。ここに信仰と技術は見事に統一された。

このような知識を、空海は唐土において仕入れたのではないかと推測する人もいる。私もこの点、および行基の敷葉工法について、あたうる限り唐代の土木技術を調べてみたがなんらの成果もえられなかった。しかし日本人の発想の源をとかく海外に探そうとする風潮はどうであろうか。そこには、現代日本の科学・技術の根本が輸入科学、輸入技術だという意識の反映があるのではないのか。

そもそも水圧と堤防の強度の関係を徹底して考えれば、自ずから神野神社の岩を堤防に組み込むアーチ型工法が想定できるのではないかと思われる。強いて海外の、既存の知識や技術にその根拠を求める必要もないのではないか。それは、私には具体的な技術云々の話ではなく、むしろ科学的原理と思考の問題であろうと思われる。仮に海外で未知の技術的成果を見聞しても、そこに含まれる科学的原理を見ぬいたとしたら、異なった環境に適用することが出来るようになる。それこそが独創性であろう。〔補論4〕で一行禅師について述べたのは、この点を補足しようとしたものである。

勿論そのような発想と独創性を発揮するのには、卓越した能力を持つ人がいなければならない。空海はそのような「人」だった。

三、空海が工事に着手する以前、満農池あるいは讃岐一帯はしばしば旱魃・洪水などの災害に襲われていたことは既に述べた。しかもその直前、路浜継の工事は三年かかってなんの成果も挙げていなかった。なぜか？　このことを、当時の人々はどう思っていたのだろうか。

平安京には御霊信仰が広まっていた。これは死者の「祟り」に対する畏怖の念から発しているが、旱魃・洪水など水の災害についても水神あるいは龍神の怒りと考える習わしは広く各地にあった。満農池の水も、もともとは池底となった湧水「真名井」を護る罔象女神の司るものだった。人々が、打ち続く水の災害を神々の怒りと考えたとしても不思議ではない。古来、水をめぐる争いは深刻であり、複雑なものになる。官と民、民と民との対立になるばかりか、神をも巻き込んで神と人との対立さえ生まれる。治水工事の難しさはここにもある。満農池についていえば、築池使路浜継の工事が遅々として進まなかった理由の一つには水神の「祟り」への民衆の恐れも入っていたかもしれない。もしそうだとすれば、これは一介の役人の力では如何ともしがたい問題である。

かくて空海が呼び出される。彼の登場によって、「祟り」への恐れは一掃されるからである。信仰と労働と技術を一体のものとした空海の存在がそれを可能とした。

四　古代と近代の信仰・労働および技術

かつては、信仰と労働と技術を一体のものとした事業があった。それを統合する「人」も存在した。行基や空海の如き人である。

「一日不作、一日不食」

昔から東西の宗教は、信仰のあり方を人間労働の内に見ていた点で揆を一にしている。『新約聖書』使徒パウロの書簡「テサロニケ後書」では、「人もし働くことを欲せずば食すべからずと命じたり」と書かれている。これは後世、〝働かざる者食うべからず〟のスローガンとして広まった。同じような意味で道元は、「一日不作、一日不食」（一日働かざれば、一日食せず）を実践した多くの先人の例を挙げている（『正法眼蔵』行持篇）。

もっとも鮮烈なのは百丈山大智禅師の例である。彼は初め馬祖について修行したが、それ以後「入滅のゆふべにいたるまで、一日も為衆為人の勤仕なき日あらず」、死ぬまで他者に奉仕する作業をやめなかった。彼は高齢になっても若者と同じように「作務」を続けるので、回りの者が心配してある時彼の作務の道具を隠してしまった。その日、百丈は一日食事を摂らなかった。それが「一日不作、一日不食」である。道元は、自分の禅林でもこの百丈の「玄風を行持するなり」と宣言している。

自給自足を原則とする修道院や僧院では、このようなことがあったであろう。では、世俗の社会ではどうか。

労働を支える信仰と技術

もし信仰と労働と技術が相互に関連する全体像を描き出そうとすれば、それは独立の一大論考になってしまう。一部は本書に先立って『科学文明の「信」を問う——存在・時間・生命の情理』（二〇〇三年、人文書院）として刊行された。その要旨について、ここでは簡単に要点のみを述べることとしたい。

空海は、人間の信仰は曼陀羅のように図示できるものとしていた。今、それに倣って信仰・労働・技術の関係を図に描くとすれば、それぞれを頂点とする正三角形がえられる。その周囲は自然が包んでいる。信仰は労働と技術が支えている。

これまで、信仰を労働と技術に係わらせるような宗教論はあまりなかったのではないかと思う。それは、専門的な宗教学が専ら教理・教義の研究から出発し、実証的な研究ほど実証できない信仰の問題は棚上げにしたからである。マルクス主義的宗教論も、その唯物論の原則に従って宗教を経済の下部構造に帰着させ、やはり信仰の問題には立ち入らなかった。それにも係わらず信仰は労働と技術が支え、労働は信仰と技術に支持されて成立する。このことは、上述した行基・空海についての各章で多少なりとも描けたのではないかと思う。

そうして今、このようなとらえ方もありうるのではないかと感ずるのは、近代とりわけ現代において、この三元的な絆がずたずたに切断されているからである。これではパウロや道元に見たように、信仰も成りたたない。それだけでなく、労働も技術も本来の人間味を失って、いよいよ機械的な性格を強めることになってしまうだろう。近・現代文明については、このような危惧の念が根底にある。

「即身成仏」への仮説と観点

信仰と労働の結びつきは、あのパウロや道元の言葉にも示されていた。では宗教論において、信仰・労働・技術の三元的結合を示唆する教説はあるのか。

それを、空海の『即身成仏義』の中の一行に求めることは許されるだろうか。いうまでもなく空海のこの著は、真言密教の教義においても正に中心をなすもので厳密な密教教学の立場からは軽々に論ずべきものでないとされるかもしれない。それ故、これは単なる仮説・試論として述べるに止めたいと思うのだが、その一行とは「即身成仏頌」にある八行の詩の中の三行目、「三密加持すれば速疾に顕る」である。その現代語訳は「仏とわれわれの三密（身体・言葉・意の働き）が、不思議なはたらきによって応じ合うとき、すみやかにさとりの世界が現われる」となる。空海によれば、八行のうち最初の四行は「即身」の意義を説いたもので、その三行目は即身の「用」（はたらき）を示している（『全集』第二巻、二二五〜六ページ）。

私見によって、ここには「身」の観点から信仰と労働と技術の三元が統合されている。三密の身体とは労働であり、言葉は真言として信仰そのもの、意とは技術だと解する。人は「即身成仏」、つまり汝が父母から享けた体でそのまま仏になるといわれて、かえって戸惑うであろう。本当か？と。だが、自分の体を動かして他者への利益のために働く労働に仏と成る種子が含まれているとなれば納得できる。誰しも自分の労働には克己・忍耐・工夫・利他の情熱など、人間的諸徳を込めているからである。逆にいえば人間にとって最も基本的な体の動き、つまり労働への視点を排除した所からは例えば立川流のように極端な異見も生まれるのではないか。

「意」を技術に当てたのは、例えば優れた職人は素材を前にした時、既に完成品の全貌を頭に描いているからである。これが近代的な労働には許されない職人労働の特質だった。このことは前述した宮大工の棟梁たちの話にも窺うことができる。アメリカの社会学者ライト・ミルスは職人労働の特徴の一つとして、「職人は、生産物の完成した姿を空想し、労働の過程に満足感を味わい、出来上がった作品に美的充実感を経験する」と述べている。(9) 名工は鑿をふるう前に、素材の中に彫刻された完成品の形を見ているという。それこそが職人の腕であり技術であった。名人の腕がたぐい稀な名品を生む。これを「即身」から「成仏」に至る過程とみなすこともできるだろう。

柳宗悦は「元来、我が国を『手の国』と呼んでもよいくらいだと思っています」といっている。日本語に手、あるいは腕のつく言葉は多い。上手・下手、手堅い・手並み・手柄など。医療は手当てであり、オペレーションを手術と訳したのも手の国の現れかもしれない。腕もまた腕利き・腕前・手腕・敏腕など例は多い。「腕」とは身体の一部であり、職人の技術そのものだった。(10)

近代以降、技術はひたすら人間の身体を離れ、労働はオートメーションやロボットに託されていった。この過程は近代人自身の自称、誇称によって「進歩」・「発展」・「合理化」といわれてきたが、実は人間の心と体が着々と分離、乖離してゆく過程でもあった。現代において、心身の分離はその極限に達している。その例、たとえばテクノストレスなどを挙げてゆけば、現代文明論そのものとなる。

近・現代人の心身乖離

西欧に始まった近代世界で、人間の心と体は分離し始めた。古来、あらゆる聖人・賢者の求める究極の目標は心身のまったき融合を果たすことであった。悟り、真如、エンテレヒーなど、すべてその理想態を示すであろう。反対に、西欧近代はアダム・スミスが述べた通り分業から始まった。同時にかつては人間の「腕」だった技術がテクノロジーとなり、人の心身分離、物質的労働と精神的労働の分割が始まる。

今、このような近代の完成態としての現代は、宇宙から個人まで、人の肉体から精神まで、つまり万物をコンピューター的思考の対象とする。これによって人の心身分離は完璧なものとなった。そのような例はどこからでも取り出せるが、ここでは象徴的な実例として一九九九年九月に起きたJCO東海事業所の臨界事故を挙げよう。

これは前著でも引いたのだが、なんといっても最も現代的な事例なので逸することはできない。現代的というのは、原子力産業こそ最新の科学・技術を適用した現代最高の産業だと思われているからである。従って、そこで起こった事故も最も現代的なものとして他の諸々のケースに対して象徴的な意味を持つ。

これは原子炉が原子爆弾に変わりかねない一歩前の事故だった。作業員二人が被爆死、付近住民六〇〇人余りが放射能を浴びる惨事をもたらした。だがその事故は、燃料のウラン溶液をヒシャクで汲んでバケツに移す作業から起こっていた。この対照をなんというべきか、言葉を失う。現代的な形での「手」と「腕」の復活なのか。会社も事業所もこれで良いと判断していたのだから、頭で考えたことに心も体も対応していない。ヒシャクとバケツで溶液を汲むという身体的行動には、頭も心も反応していない。つまりは会社の責任者も、所属する科学者・技術者もその意味では心身の分離を果たした完全な現代人だったことになる。

このような人々には言っても詮なきことながら、その根源はひたすら神、つまり人の信仰を排除してきた近代科学の性格がある。その帰結が二十世紀に入って原子爆弾を生み、平和産業を名のる原子力事業にも及んでいるのである。その現れは、高速増殖炉に「もんじゅ」だの「ふげん」などの菩薩名をつけて平然たる彼らの心性にも見られる。原子力関係者たちは、これらの菩薩を造ったばかりか、自分たちが使いこなしているという自負を持っていたのであろう。その傲慢さを傲慢とも思わぬ倨傲。しかも、これらの機械は事故ばかり起こしている。真の原因は外から来たのではなく、彼らの内側にあった。

とはいえ、われわれも同じ社会、同じ時代に住む人間としてこのケースを見過ごすことはできない。否応なく頭と心、心と体の乖離・背反はわれわれ自身の中に浸透し、拡大し続けている。もし現代世界がこのような趨勢に基づいて構成されているとすれば、その動向を抑止し、心身の一致を回復する手段も救いも見つけることはできない。どこを見回しても同じ症状の人ばかり、自分自身の内も外も心身の分離を推進する奔流の只なかにあるからである。

救いのきっかけは歴史に求める以外にない。本書は空海という偉大な先人に縋って、それからの救済の出口を探し求める試みだった。ヒントなりとも見つかるかどうか、それは分からない。ただいえることは、この国の歴史が空海という人物をわれわれの前に残してくれたことへの感謝の言葉のみである。

〔補論3〕 高野山と水銀——仏国土のための朱と黄金

高野山一帯には広大な水銀鉱床があるという。昭和の初め満州事変が起こった頃、大阪のある鉱山師が山の各所に金銀銅水銀その他の鉱石が埋蔵されていることを突きとめ、鉱山局に試掘願いを提出し認可された。時代は戦争に向かって進み始めた時期で、国家的にもこれら鉱物が切実に求められていたこともあったであろう。驚いたのは金剛峯寺で直ちに採掘反対の陳情を行ない、結局試掘権を買いとって問題を解決したとのことである(1)。

この件からも分かるように、高野山はその聖地を含め到る所に水銀鉱床がある。そうして水銀のある所、金が埋蔵されていることは古代から知られていた。前七世紀、春秋時代に斉の宰相だった管仲の著『管子』には既に「上に丹砂あれば、下に黄金あり」(巻二十三・地数篇)と書かれているからである。丹砂とは硫化水銀（HgS）で、天然には辰砂として産出し、人工的には水銀と硫黄を化合させて得ることができる。

水銀の用途は多様である。古来、洋の東西を問わず錬金術の主役は水銀だった。水銀はさまざまな金属と化合するから、それを使って鉛から金が造れると期待したのである。近代の科学、特に化学や医学は錬金術から、天文学は占星術から生まれた。新しいところではアイザック・ニュートンが晩年に錬金術の研究に耽ったことは良く知られている。このため彼は「最後の魔術師」（ケインズ）とも呼ばれた。

しかし近代世界はひたすら錬金術を排斥してきた。その理由は、一般的には万物に生命の宿りを認める錬金術がキリスト教の教義に反するということになっているが、より根源的には世界もあらゆる生命も物に過ぎないという資本主義の精神に抵触することにあるであろう。物ならば金銭に還元できることになり、それによって自然界に保たれてきた微妙なエコロジカルな調和は破壊されるが、反対に開発にも搾取にも障害はなくなる。表だって営利への関心からとはいわない。近代世界は合理主義の名の下に錬金術の排斥に努めてきたのである。(2)

また古来、水銀は医薬品として重視されていた。中国では道教思想に由来し、「丹」は不老長寿の仙人が服用する仙薬として貴重なものとされた。しかしこの「仙丹」にはしばしば水銀と砒素の化合物が使われ、特にそれが流行した唐代には六人の皇帝が丹中毒に罹って死に、やがて流行も下火になった。奈良時代になると日本でもその危険性は認識され、丹薬使用禁止の詔勅が出されている。

さらに辰砂（水銀朱）は朱の顔料を製造する原料にもなった。「朱」は仏像・仏画の顔料として使われていた。

しかし水銀が経済的にも使用量の点でも、より大きな意味を持つのは金の精錬やメッキに使うからである。金鉱石あるいは砂金から金を抽出するには水銀を使う。先ず常温で金鉱石を水銀液に入れて金アマルガムを作り、次いでそれを熱し水銀を飛ばして金を採取する。道教ではこれを黄白術と呼び、紀元四世紀の『抱朴子』黄白篇・金丹篇には多くの記述がある。日本で道教は山岳修行の修験道に伝承されていた。錬金術が単純に金儲けの手段だと誤解されたのも、「金」の採取と関係しているからである。

　同じ方法で金メッキもできる。金アマルガムを金属面に塗り、それを炭火で熱すると金メッキとなる。このアマルガム法による金メッキが日本でいつごろから始まったのかは分からなかったが、仏教の興隆と共にメッキに使う金の使用量が増大したことはいうまでもない。それを万葉集の和歌から説きあかしたのは松田寿男『丹生《にう》の研究――歴史地理学から見た日本の水銀』だった。

　その一つの例として、大神朝臣奥守は「仏造る真朱《まそほ》足らずば水たまる池田のあそが鼻の上をほれ」（巻十六）と歌った。これはその前に池田朝臣が作った「寺寺の女餓鬼申さく大神の男餓鬼賜りてその子うまはむ」に対するしっぺ返しであろう。女好きの奥守にたいするからかいだろうか。池田朝臣については「名を失せり」と注されているが、おそらく万葉人はこのようなジョークのやりとりを交わしながら生活を楽しんでいたのであろう。

　ところで奥守のいう「まそほ」、あるいは真赭とは辰砂（朱砂）のことである。歌は池田朝臣の赤鼻を朱砂を産する赤土の丘に見立てたものである。「仏造る」、つまり仏像を造るには先ず朱砂が必要だった。松田博士はここから、当時既にアマルガム法による金の採取、あるいは金メッキに水銀の必要なことが広く知られていたことを反映しているとした。[3] 通説では、金アマルガム法による純金の採取はこの時代の日本で知られてはおらず、江戸時代前期にスペインから教えられたということになっている。しかし松田博士は断固としてこの通説に反対した。

他方、この松田説が万葉集の解釈を変えた。契仲・加茂真淵から戦後に至るまで、しばしば真朱は鉄と解釈されてきたからである。先の大神朝臣の歌はほんの一例であり、万葉集には他にも真朱の言葉を使った歌は少なくない。

但し万葉時代の一般人は、金メッキは水銀ではなく原料の辰砂で行なわれるものと理解していた。辰砂→水銀→アマルガム→金メッキの工程が一般に知られるのは、東大寺の大仏建立を契機としてであろうといわれる。(4) 事実、東大寺の大仏建立には水銀五万八六〇二両が使われている（『東大寺要録』）。平安末期の記録『東大寺造立供養記』になると、大仏の修理には「そもそも黄金ありと雖も、もし水銀なければ、仏身は成りがたし」と水銀との関係ははっきり認識されていた。

丹生の研究で松田氏は全国数百ヵ所の地点を調査し、丹生は水銀鉱のある所とした。特にその中から、丹生の地名に丹生神社とみなされる社のある土地十二ヵ所を選び、土壌に含まれる水銀値を測定した。測定は水銀技師矢島澄策博士が担当した。水銀鉱床付近の土壌からはほぼ10^{-3}％（1ppm）程度の水銀が検出されるのが普通で、10^{-5}％以下だと水銀鉱床とは無関係となる。この十二ヵ所はいずれもこの数値を上回り、実際に水銀鉱山のある所もある。とりわけ紀伊の九度山町や粉河町など、比較的高野山に近い地点の数値は高い。勿論、高野山中の数値も高い。

古代人は地下の水銀鉱床が地表に露呈している部分を採取していた。こうして空海は、丹生明神を地主神とする高野山に金剛峯寺を開いたとされている。また丹生明神を水銀神とすると、もう一方の犬を連れた狩場明神は採掘神ではないかともいわれる。また女性神である前者は胎蔵界、男性

丹生明神像　（ともに金剛峯寺蔵）　狩場明神像

神の後者は金剛界として金胎両部の神となる。[5]

空海は渡唐以前の山林修行時代、修験の行者と共に高野山一帯を修行道場としていたと思われる。その際は、当然彼らの水銀を使って金丹を採る道教的錬金術をも知悉していたであろう。

それでは高野山の水銀と、空海の真言密教とはどのような接点を持つのか。大別して二つが考えられる。一つは「金」、もう一つは「朱」である。

金は仮にアマルガム法によって純金を得るにせよ、また金メッキとして使うにせよ仏像・仏具の制作に不可欠の資材である。

「朱」には前述した水銀朱と、酸化鉄のベンガラ（$Fe_{2}O_{3}$）、および四酸化鉛の鉛丹（$Pb_{3}O_{4}$）がある。ベンガラは天然にあり、日本中どこにでもある。微量の水銀を含有し、古代には顔料として使用された。鉛丹は鉛を溶解して造る人工品である。しかし鉛丹は製造技術がかなり高度であり、赤色顔料としては最も遅れて現われる。だが松田博士は、日本の天平時代には既に技術がその域にまで進んでいて、工芸用としても塗料としても使われていたという[6]。いずれにしろ「朱」が、顔料・塗料として寺社の建築や宗教用具の製造に必要な資材であることはいうまでもない。

空海が高野山に金剛峯寺を開くに当たって、このようなことは念頭になかったと考えることはできない。しかしそれを狭い意味での経済的観点と結びつけるのは、近代人のひがめであろう。資本主義社会の住人であるわれわれは、諸事経済に帰着させなければ納得しない。それが歴史の解釈を近代的に歪める面を持っている。近代人は近代的偏見を自覚できない。脱近代を果たした将来、おそらくこのような歴史観は通用しなくなる。

それはともかくとして、空海は正に「全人」だったのであり、目的と手段、個と全体、現状と未来の全貌を把握することができた人だと思う。一体、なんのための金剛峯寺なのか。究極のところ衆生済度の目的を措いてはない。将来、彼の真言密教が全国に普及し、各地に朱塗りの寺院、金色に輝く仏像が配置されることは、「密厳浄土」実現の一つの証しともなる。「金」も「朱」も、そのために不可欠の資材である。

金剛峯寺は世俗を離れて真摯な密教修行の道場であった。そうであればあるだけ、その修行がやがて広く衆生済度の目的と結びつく際の想念が不可欠となる。空海にはやがて実現する荘厳な浄土の様をまざまざと脳裏に描くことができていた筈である。それは、仏の功徳をあまねく衆生に光被するために不可分の想念だった。私は空海と水銀の関係をこのように解する。

〔補論4〕 一行禅師の数学・天文学

一行《いちぎょう》（六八三〜七二七）は盛唐時代の人、その没年は玄宗皇帝の開元十五年、空海が生まれるおよそ五十年前、渡唐の七十七年前のことである。

一行は中国密教史上の傑出した僧侶であり、その師、インドからの渡唐僧善無畏《ぜんむい》が『大日経』を訳すのを手伝い、後に注釈書『大日経疏』を著わした。その姿勢は、当時の中国に広まっていた雑密《ぞうみつ》的な理解を排し、密教を純正な論理によって構成しようとするものだった。この点は長部和雄『一行禅師の研究』で詳細に検討されている。

同時に彼は数学・天文学の分野でも卓越した業績を残した。彼は太陽と月の運動を観測し、その不規則性を数式から割り出し、旧来の暦を改定して「開元大衍暦《かいげんだいえんれき》」を作成した。これには逸話がある。彼が暦算を究めるため天台山国清寺を尋ねると、ある道士が旧暦には八百年に一日の誤差がでる。しかしその時が来ると、一人の聖人が現われてその誤差を正すであろうと言っていた。それこそが一行その人のことであった、という話である(1)。

一行は幼少の頃から俊才の誉れ高く、父は官吏にしようとしたが、母がそれでは惜しい。学問に専念させた方がよいと主張し、それで当時学問の出来る仏門に入ったという逸話も残っている。彼の父母に対する孝心も有名であった。

このような一行の思索活動こそ、宗教と科学の内的関連を探る好例ではあるが、双方共に難解を極める対象で到底私の手におえるものではない。しかしその没後七十数年にして唐を訪れた空海にとっても、このような先人の存在は少なからぬ影響を与えた筈である。空海は帰国後『真言付法伝』を著わして一行の功績・人柄を讃え、日本へ持ちかえった『請来目録』にも「一行禅師影」三幅がある。

それでは一行と空海とはどのような連関があるのか。真言宗には伝持と付法の二つの系譜がある。伝持は龍猛・龍智・金剛智・不空・善無畏・一行・恵果・空海と連なり、付法は大日・金剛薩埵・龍猛・龍智・金剛智・不空・恵果・空海となる。従って一行は真言宗伝持の第六祖である。

一行は四十五歳で没し、またその生涯は学問僧に徹していたから、宗教上の弟子がなく付法の系譜から外れている。宗教面でも彼は広く禅・天台・律・道教に通じ、密教に入ったのは善無畏に師事してからのことである。彼が禅師と呼ばれるのも出家したのが禅院だったからである。空海の『真言付法伝』〔一行禅師〕の項はその大半が一行入滅の日、時の皇帝玄宗が自ら碑文を書いて石に刻ませたもので、この碑は失われてしまったから、空海の一文は一行の功績を伝える貴重な記録となっている。

玄宗は深く一行の高徳、学識に傾倒した。宮廷に招いた時は、自分が風下に立って国師としての礼を尽くした。玄宗は一行の早逝を嘆き「まさに期すらく、永く喜んでもって有徳に親しまんことを。天、善順に孤《そむ》いて、我が師賓《しひん》を奪ふ」——自分は永くこの高徳に接していたかったのに、天はこの願いに背いて国師の命を奪ってしまったという。また皇帝は大衍暦を始め、一行の学問的業績も忘れていない。この追悼文と最後に添えられた自作哀悼の詩には、一行の死を悼む玄宗の真情が溢れている（『弘法大師空海全集』第二巻）。現在の中国でも、一行は中国科学史を飾り世界的な名声も持して傑出した歴史的人物となっている。

ジョセフ・ニーダムは大著『中国の科学と文明』の数学・天文学の篇で、しばしば一行のさまざまな業績に言及している。例えば順列・組合せの項では、一行が囲碁のあらゆる局面の総数を計算し、すべてを尽くすことができると語ったという。一行の計算法は伝わっていないが、後に沈括はその数を3^{361}と算出した。ニーダムは「これは正しい答えである」と述べている。

　また彼は、すでにあった機械式時計に望筒を取りつけた天体観測用の渾天儀を考案していた。ニーダムは、これらの観測機械は十四世紀に作られたヨーロッパの機械時計を数世紀先行する水力駆動の機械時計だったといっている。[2]

　一行が編纂した大衍暦では不定方程式が使われていた。暦は普通カレンダーを指すが、中国では天文計算法も含めて暦と呼んでいる。天空における太陽や月の運動は斉一でなく不規則性があるが、その点を考慮して中国では隋（六世紀前半）の時代から補間法による計算法が使われていた。

　藪内博士によると、日月の位置を算出するこの方法は千年以上も後のニュートンの公式による計算と近似値に達しており、「いくぶん不完全な形であるが、これを導き出していたことは敬服のほかない」とされている。一行はさらに、従来の補間法は等間隔のものだったが、太陽の運動を論ずる場合は不等間隔の補間法でなければならないとした。この点を一行は大衍暦で解決しており、

「中国人が数学的才能において特に優秀であった証拠となるであろう」とのべられている。(3)

ここで再び一行の密教理解に戻ると、長部氏は「方便」を科学的な技術とみなし、『大日経疏』の「具縁品第二」にいう「如於浄心中発起方便、修治自地、随縁利物、済度衆生」の一文を、科学的技術を用いて自然を研究し、物質の性質に応じてそれを利用して、衆生を幸福にする方便とみなした。一方、科学を「慧」とみなせば「自然之用、因方便及智慧具足」(『疏』字輪品第十)の通り、自然の作用は技術と科学原理とを共に具足することによって究められるというものであった。(4)

「慧」の科学、「方便」の技術。今日でも往々にして混同され、時には同一視さえされている科学と技術との関係が経典に照らして見事に説かれている。宗教と科学と技術が、一行の思考の中でいかに緊密、明晰に結びついていたかの例証となるであろう。

ひそかに私は思う。一行のこのような科学的思考法は、雑密と純密を区分けしてゆく彼の宗教的業績とも関連しているのではないか、と。それは、科学と技術の違いを明確に自覚しつつ、しかも両者の繫がりを保ちながら現実に対応してゆく彼の思考法と関係のなかった筈はない。おそらく一行にとって、科学的思考と宗教的思考とは相互に補完し合いながら展開する不二一体のものであった。

眼に見える証拠はないが、一行の空海に与えた影響は至大なものがあったのではないか。なぜなら、本文中でも述べたが技術的成果の伝承は具体的に指摘できる。空海が唐代の諸技術から何を学んだかについては、従来の空海論でもまま言及されていた。しかし科学的原理や思考法はそれ自体が抽象的であり、普遍的でもある。伝承関係を論証できない場合も多い。しかし日本に帰国して以後の空海の研鑽が旧来の雑密を排除しながら、純化された真言密教の樹立にあったことを考えれば、彼が一行の思考と業績から得るところは大きかったものと思われる。

このような視点は、これまであまたの空海研究にも見当たらぬものだった。このエンジニアとしての空海論も、前記『一行禅師の研究』を知るに及んで宗教と科学及び技術の関連について大きな示唆と励ましをうることができた。

注

はじめに

（1）渡辺照宏・宮坂宥勝『沙門空海』（一九六七年、筑摩書房）では空海の「行基に近い性格」が指摘され、宮崎忍勝『私度僧空海』（一九九一年、河出書房新社）では空海が「役行者と行基の系譜に立つ」点につき説かれている。

第I編　役行者

（1）西郷信綱『神話と国家――古代論集』一九七七年、平凡社、二九ページ。
（2）銭谷武平『役行者伝記集成』（一九九四年、東方出版）には、これら諸著の現代語訳が収められている。
（3）宮家準『役行者と修験道の歴史』二〇〇〇年、吉川弘文館、三四～五ページ。
（4）新谷行『古代天皇制国家と原住民』一九七八年、三一書房、一五〇ページ以下。馬場あき子『鬼の研究』一九八八年、ちくま文庫、一七〇～八ページ。
（5）高津春繁・斎藤忍随『ギリシア・ローマ古典文学案内』一九六三、岩波書店、一九〇～二ページ。
（6）所功『伊勢神宮』一九九三年、講談社学術文庫、七一～六ページ。
（7）宮城泰年「葛城の修験とその遺品」大阪市立美術館編『役行者と修験道の世界』一九九九年、一七六ページ以下。
（8）田村芳朗『法華経』一九六九年、中公新書、五〇ページ。
（9）林屋辰三郎『町衆』一九九〇年、中公文庫、一七五ページ。岡本健一「伝統主義の系譜――鷹峰光悦町の形成と解体」『芸能史研究』第二号、一九六三年。
（10）「役行者町文書」京都市歴史資料館蔵。

第Ⅱ編　行基の「道」

（1）吉田靖雄『行基と律令国家』一九八六年、吉川弘文館、二八二～五ページ。
（2）井上薫『行基』一九五九年、吉川弘文館、二〇一ページ。
（3）河原宏『「江戸」の精神史』一九九二年、ぺりかん社、一四三ページ以下。
（4）真中幹夫「行基研究史」『歴史学研究』三九四号、一九七三年、三四ページ。
（5）遠山美都男『彷徨の王権　聖武天皇』一九九九年、角川書店、五六ページ。
（6）滝波貞子『帝王聖武』二〇〇〇年、講談社、二五三ページ。
（7）中村太一『日本の古代道路を探す』二〇〇〇年、平凡社、一一、二二ページ。
（8）井上薫『行基』前掲書、一〇〇～一ページ。

〔補論1〕

（1）西郷信綱『斎藤茂吉』二〇〇二年、朝日新聞社、二三二ページ。
（2）河原宏『日本人の「戦争」――古典と死生の間で』一九九五年、築地書館、一九ページ。

〔補論2〕

（1）山折哲雄「三人の入唐僧と古密教」図説日本仏教の世界②『鎮護国家と呪術』一九八九年、集英社、一五七ページ。

（2）河原宏『科学文明の「信」を問う――存在・時間・生命の情理』二〇〇三年、人文書院。

第Ⅲ編　空海――民衆と共に

第一章

（1）松長有慶『密教』一九九一年、岩波新書、一八九ページ。
（2）『性霊集』は正式名を『遍照発揮性霊集』といい、正統計十巻がある。なお本書で引用する空海の著書その他は『弘法大師空海全集』一九八四年、筑摩書房による。
（3）渡辺照宏・宮坂宥勝『沙門空海』一九九三年、ちくま学芸文庫、一四三〜五二ページ。

第二章

（1）中央気象台・海洋気象台編『日本の気象史料』2および3、一九七六年、原書房。
（2）東寺（教王護国寺）宝物館編『弘法大師行状絵巻の世界』二〇〇〇年、一七〇ページ。
（3）佐々木令信「空海神泉苑請雨祈禱説について」『仏教史学研究』第一七巻二号、一九七五年、三五ページ以下。
（4）河原宏『伝統思想と民衆』第二章「御霊信仰と権力批判」一九八七年、成文堂、六二ページ以下。

第三章

（1）曽根正人「王城の鎮護――比叡山と東寺」笹山晴生編『古代を考える　平安の都』一九九一年、吉川弘文館、二一六ページ。
（2）松長有慶『密教』一九九一年、岩波新書、七五ページ。
（3）三木清にとって、主著『構想力の論理』は生前に完成した形では出版されなかった。その第二部の出版は戦後の一九四六年である。
彼は戦争末期の一九四五年三月二十八日、治安維持法違反容疑で検挙された。理由は共産主義者として警察に捕まっていた人物が脱走して三木の疎開先に立ち寄り、三木は彼を宿泊させ、金品を与えて逃走を助けたというものであった。警察からの脱走者をかくまうことの危険は誰もが知っている。ましてや警戒厳重な戦時下のことである。三木もそれを承知の上で、敢えてその男を助けたのだった。三木のこの行動は彼の親分肌の性格などから説明されているが、勿論そのように軽い思慮に帰すべきものではなく、そこには自己の運命を瞬間的に覚悟した決断があった。

国家権力は敗戦後も三木を釈放せず、留置場の劣悪な環境から皮膚病に罹り、同年九月二十六日に死去した。逮捕の直前、彼が書いていたのは「親鸞」だった。その最後の一行は「仏法があるによって世間の道も出てくるのである」だった。河原宏「三木清　昭和思想史の課題を担って」宮本・河原・堀共著『近代日本の思想（3）』一九七八年、有斐閣新書、一〇一ページ以下。

第四章

（1）渡辺・宮坂『沙門空海』前掲書、一九六ページ。

（2）鈴木祥造「綜芸種智院成立過程に関する一考察」久木・小山田編『空海と綜芸種智院——弘法大師の教育』上巻、一九八四年、思文閣出版、二二三〜四ページ。

第五章

（1）Magda R. Alexander, "Der Turm, als Symbol und Erlebnis", 邦訳『塔の思想——ヨーロッパ文明の鍵』一九七二年、河出書房新社、三二ページ。

（2）千家尊統『出雲大社』一九六八年、学生社、一四九ページ以下。

（3）梅原猛『塔』一九七六年、集英社。

（4）奈良文化財研究所編『奈良の寺』二〇〇三年、岩波新書、一四六〜八ページ。

（5）松浦昭次『宮大工　千年の知恵』二〇〇〇年、祥伝社、一〇ページ。

（6）松田敏行『室生寺　千二百年の生命』二〇〇一年、祥伝社、四〇ページ。
（7）上田篤「謎の建築・五重塔」上田編『五重塔はなぜ倒れないか』一九九六年、新潮社、一九ページ。
（8）上田篤・木村俊彦「五重塔と現代建築（対談）」上田編同右、二五三ページ。
（9）村上重良『国家神道』一九七〇年、岩波新書、一〇〇ページ。
（10）川口衛・阿部優「木造古塔の心意気」同右、二〇七ページ。
（11）松田、前掲書、五八〜七〇ページ。
（12）西岡常一・高田好胤・青山茂『蘇る薬師寺西塔』草思社、一九八一年、一〇四〜六ページ。

第六章

（1）「行基ゆかりの寺院」（『行基事典』付録）一九九七年、国書刊行会、七〜九ページ。
（2）斎藤昭俊『弘法大師信仰と伝説』一九八四年、新人物往来社、一六一〜四ページ。
（3）五来重『高野聖』一九七五年、角川書店、六五ページ。
（4）舘野和己「文献史料からみた狭山池の開発」狭山池調査事務所『狭山池　論考編』一二ページ。
（5）第3回狭山池フォーラム『日本最大の狭山池と天平の僧行基』一九九六年十月十二日、「発掘調査の意義」。
（6）宮坂有勝『密教思想の真理』一九七九年、人文書院、二一八ページ。
（7）亀田隆之『日本古代治水史の研究』二〇〇〇年、吉川弘文館、一八八ページ。
（8）宮坂、前掲書、二二一ページ。
（9）C. Wrigt Mills, “White Collar -The American Middle Classe”, 邦訳『ホワイト・カラー』一九五七年、創元社、二〇三〜六ページ。
（10）河原宏「職人と自在――自在と心身関係」早稲田大学理工学部『人文社会科学研究』第三二号、一九九二年、一五ページ以下。

〔補論3〕

(1) 若尾五雄「近畿山岳信仰と丹生」山岳宗教史研究叢書11、五来重編『近畿霊山と修験道』一九七八年、名著出版、四六六ページ。

(2) M・ベルマン『デカルトからベイトソンへ』(M. Berman, "The Reenchantment of the World", 1981) 国文社、一九八九年、一三七ページ。

(3) 松田寿男『丹生の研究――歴史地理学から見た日本の水銀』一九七〇年、早稲田大学出版部、二八ページ。

(4) 市毛勲『朱の考古学』増補版、一九八四年、雄山閣出版、一九〇ページ。

(5) 若尾、前掲論文四八〇ページ。

(6) 松田、前掲書三二ページ。

〔補論4〕

(1) 長部和雄『一行禅師の研究』一九六三年、神戸商科大学経済研究所、二七五ページ。

(2) ジョセフ・ニーダム『中国の科学と文明』(Joseph Needham, "Science and Civilization in Chaina", 1951) 邦訳、第四巻数学、一五二ページ、および第五巻、天文学、二二九ページ、一九七五年、思索社。

(3) 藪内清編『中国中世科学技術史の研究』一九六三年、角川書店、一三八～四〇ページ。

(4) 長部、前掲書一〇六～七ページ。

あとがき

空海——この歴史上の偉大な先人、しかも古来多くの人から熱い尊崇の念を蒐めてきた人物。このような人の人間像を描けるのか、描いてよいものかについては、ためらいもあり惑いもあった。ただ〝この人を知らなければ日本の歴史を知ったことにはならない〟、このような思いも消えなかった。

それにしても、世間には空海について多くの論著が公刊されている。それらを読み続けながら長い逡巡の後、ようやく〝自分なりに〟といえるかもしれない二つの視点をまとめることができた。「全人」と「知識」である。

「全人」と「知識」

「全人」とは、西欧文学史などにまま登場する概念だが、常識的には人の全く異なった活動領域――例えばレオナルド・ダ・ヴィンチやゲーテのように「文」系と「理」系の双方に跨って活躍する人のことを指している。まさしく空海はそのような全人であった。

「知識」とは、現代語の意味とはかなり異なるが、各人がそれぞれ自己の持つ資格・技能・労力などをより高い目的のために提供することを指している。その主体はいわゆる知識人や専門家ではなく、すべての人・民衆・あえていえば衆生であり、本来は仏教用語である。私はそれを信仰・労働・技術を一体的なものとして利他目的のために奉仕する行動と解した。もとより空海も、民衆の中に潜在するこのような能力を引き出すことが出来る人物だった。

もともと空海の資質や才能が多面的なことは誰もが認めている。宗教人として、芸術家・思想家として、教育や社会事業の面においても。私はこれにエンジニアとしての側面をつけ加えたいと思う。堂塔を設計・創建し、土木・水利事業などにも大きな功績をあげた。エンジニア空海は「全人」空海の一側面である。この意味で彼は、飛鳥・奈良時代に活躍した役行者、行基の系譜に繋がっている。象徴連関としていえば、役行者の「橋」・行基の「道」に続く、空海の「塔」である。象徴としての人間像には、その人が抱いた未来への構図や希望を託すことができる。

「橋」・「道」・「塔」

本書で取り上げたこの三人について最も関心をそそられた点を簡単にまとめると、役行者ではあの「岩橋伝説」のように、最後には彼を亡命の運命にまで追いこむ日本人ばなれした夢の大きさが挙げられる。彼は日本最初の亡命人だった。古典的な意味で、革命と亡命は対をなしていよう。確かに役行者の「橋」は伝説に過ぎない。しかし今、われわれをとり巻く閉塞状況を考えれば、どうせ夢を抱くならそれ位の大きさのものをという思いを抑えることはできない。

行基について挙げるべき点は多々ある。しかしそれを一点に絞れば、彼が貧者・飢者のために設立した病院に薬草園を造り、果樹をめぐらしたことである。この発想は仏典に由来しており、心身を分離した現代の病院にはない。病人や患者も、療養の一環として健康が許せば薬や滋養物の栽培・採取に参加する。それは自分だけでなく、他者のためにもなる奉仕行為である。これが実利面と共に、病者にとってもどれほどの心理的救いになることか。この発想を延長すれば行基の「道」、遠く彼の描いた仏国土の構図にさえ繋がっている筈である。

空海の夢については、綜芸種智院の前途に雄大な希望が託されていたと私は思う。この学校は、これまで日本最古の私学、最初の民衆教育機関として論じられてきたが、その遙かな意図はこの指摘を遠く凌駕するところにあったと思う。本来、教育とは遠く未来に語りかける事業だからである。

だが行基も空海も、夢を夢に止めてはいなかった。彼らは民衆の「知識」を喚起し、具体的な諸事業を通じて必要を希望に、希望を現実のものとしていった。例えば行基の狭山池、空海の満濃池築堤工事などである。その治水灌漑工事は、洪水・旱魃などの災害から人々の苦難を救うばかりか、民衆の間に仏教への信仰と精神を広めるなによりの経路となっていった。仏教は教義や修行、祈禱や儀式など狭い意味での宗教活動だけでなく、具体的な諸事業への自発的参加として民衆の一つの行動様式となった。エンジニアとしての空海は、民衆と仏教を結ぶ信仰・労働・技術の情理、つまり「情」と「理」を見事に体現していた。

なおエンジニア・エンジニアリングの概念が、近代の単に物を対象とする工学技術の意味から、人間の社会的・心理的活動、例えば経営や社会計画にまで拡大されていることはむしろ現代において顕著な傾向である。空海の歴史的事跡を念頭におきながら、それと鋭い対照をなす現代科学文明の諸相を論じたのが前著『科学文明の「信」を問う――存在・時間・生命の情理』(人文書院、二〇〇三年刊)であった。この著は、今、空海を論ずることの意味を追求したものとして本書と一体をなしている。

理想国創建への夢

最終的に空海がめざしたものも、密教的にいえば「密厳浄土」の実現だった。より一般的には仏の功徳が万人に光被する仏国土、つまり遙かなる理想国の創建をである。理想を語る者のみが歴史にその名を刻む。空海の名が日本の仏教史に特筆されるのもこの点に懸かっていたように思う。その人格と思想の雄大さは、このような想定がふさわしいと思えるからである。

今、歴史や人間についての理解は滔々として実証・分析・専門化の方向に進み、人間的・歴史的な視野や視点は一層細分化されている。このような趨勢にあらがって、もし空海について上記のような想定が許されるなら、われわれ現代人の歴史認識もやがて闊然としてより宏壮な地平に広がってゆくのではないか。どのような歴史像を描くか。それは現代日本人の創意や構想力を検証するテストケースとなる。空海を通じて、歴史は現代に生きている。

本書、満農池については神野神社の神主朝倉薫氏からは貴重なお話を伺い、多くの史料を拝見することができた。厚く御礼申し上げる。また人文書院の谷誠二さんには刊行に当たって多大なお手数とご配慮を煩わせてしまった。改めて御礼申し上げる。

二〇〇四年三月　　著者

〔第Ⅰ～第Ⅲ編扉写真図版出典〕

第Ⅰ編　役行者倚像（奈良　櫻本坊）〔図録『役行者と修験道の世界』毎日新聞社、一九九九年〕
第Ⅱ編　行基菩薩坐像（奈良　唐招提寺）〔図録『東大寺のすべて』朝日新聞社、二〇〇二年〕
第Ⅲ編　弘法大師坐像（奈良　金剛峯寺）〔図録『空海と高野山』ＮＨＫ大阪放送局、二〇〇三年〕

著者略歴

河原　宏（かわはら・ひろし）

1928年（昭和3年）、東京生まれ。

1959年、早稲田大学大学院政治学研究科博士課程修了。政治学博士。現在、早稲田大学名誉教授。専攻、日本政治思想史。

主要著書

『昭和政治思想研究』（早稲田大学出版部、1978）

『江戸の精神史―美と志の心身関係』（ぺりかん社、1992）

『日本人の「戦争」―古典と死生の間で』（築地書館、1995）

『「自在」に生きた日本人』（農文協、1998）

『青年の条件―歴史のなかの父と子』（人文書院、1998）

『素朴への回帰―国から「くに」へ』（人文書院、2000）

『科学文明の「信」を問う―存在・時間・生命の情理』（人文書院、2003）他。

主要編著

『日中関係史の基礎知識―現代中国を知るために』（有斐閣、1974）

『比較ファシズム研究』（成文堂、1982）

『日本思想の地平と水脈』（ぺりかん社、1998）他。

JIMBUN SHOIN Printed in Japan.
ISBN4-409-41076-8 C1015

空海《くうかい》 民衆《みんしゅう》と共《とも》に
――信仰と労働・技術

二〇〇四年六月一日　初版第一刷印刷
二〇〇四年六月五日　初版第一刷発行

著　者　河原　宏
発行者　渡辺睦久
発行所　人文書院
〒六一二-八四四七
京都市伏見区竹田西内畑町九
電話〇七五(六〇三)一三四四
振替〇一〇〇〇-八-一一〇三
印刷　創栄図書印刷株式会社
製本　坂井製本所
乱丁・落丁本は小社送料負担にてお取替致します。

http://www.jimbunshoin.co.jp/